*PEUT CONTENIR DES TRACES

de bonheur

Conception graphique : Christine Hébert
Infographie : Johanne Lemay
Traitement des images : Mélanie Sabourin
Révision et correction : Odette Lord

Photos : Tango
Styliste culinaire : Jacques Faucher
Styliste accessoiriste : Luce Meunier

Catalogage avant publication de Bibliothèque et Archives nationales du Québec et Bibliothèque et Archives Canada

La Rochelle, Julie

Peut contenir des traces de bonheur : recettes, trucs et conseils pour les personnes souffrant d'allergies alimentaires et leur entourage

Comprend des réf. bibliogr. et un index.

ISBN 978-2-7619-2591-4

1. Allergie alimentaire. 2. Allergie alimentaire - Diétothérapie - Recettes. I. Lord, Jean-Sébastien. II. Titre.

RC596.L32 2009 616.97'5 C2009-940259-9

Pour en savoir davantage sur nos publications,
visitez notre site : www.edhomme.com
Autres sites à visiter : www.edjour.com
www.edtypo.com • www.edvlb.com
www.edhexagone.com • www.edutilis.com

02-09

Dépôt légal : 2009
Bibliothèque et Archives nationales du Québec

ISBN 978-2-7619-2591-4

DISTRIBUTEURS EXCLUSIFS :

- Pour le Canada et les États-Unis :
  MESSAGERIES ADP*
  2315, rue de la Province
  Longueuil, Québec J4G 1G4
  Tél. : (450) 640-1237
  Télécopieur : (450) 674-6237
  * une division du Groupe Sogides inc.,
  filiale du Groupe Livre Quebecor Média inc.

- Pour la France et les autres pays :
  INTERFORUM editis
  Immeuble Paryseine, 3, Allée de la Seine
  94854 Ivry CEDEX
  Tél. : 33 (0) 4 49 59 11 56/91
  Télécopieur : 33 (0) 1 49 59 11 96
  Service commandes France Métropolitaine
  Tél. : 33 (0) 2 38 32 71 00
  Télécopieur : 33 (0) 2 38 32 71 28
  Internet : www.interforum.fr
  Service commandes Export – DOM-TOM
  Télécopieur : 33 (0) 2 38 32 78 86
  Internet : www.interforum.fr
  Courriel : cdes-export@interforum.fr

- Pour la Suisse :
  INTERFORUM editis SUISSE
  Case postale 69 – CH 1701 Fribourg – Suisse
  Tél. : 41 (0) 26 460 80 60
  Télécopieur : 41 (0) 26 460 80 68
  Internet : www.interforumsuisse.ch
  Courriel : office@interforumsuisse.ch
  Distributeur : OLF S.A.
  ZI. 3, Corminboeuf
  Case postale 1061 – CH 1701 Fribourg – Suisse
  Commandes : Tél. : 41 (0) 26 467 53 33
  Télécopieur : 41 (0) 26 467 54 66
  Internet : www.olf.ch
  Courriel : information@olf.ch

- Pour la Belgique et le Luxembourg :
  INTERFORUM editis BENELUX S.A.
  Boulevard de l'Europe 117, B-1301 Wavre – Belgique
  Tél. : 32 (0) 10 42 03 20
  Télécopieur : 32 (0) 10 41 20 24
  Internet : www.interforum.be
  Courriel : info@interforum.be

Gouvernement du Québec – Programme de crédit d'impôt pour l'édition de livres – Gestion SODEC – www.sodec.gouv.qc.ca

L'Éditeur bénéficie du soutien de la Société de développement des entreprises culturelles du Québec pour son programme d'édition.

Le Conseil des Arts du Canada
The Canada Council for the Arts

Nous remercions le Conseil des Arts du Canada de l'aide accordée à notre programme de publication.

Nous reconnaissons l'aide financière du gouvernement du Canada par l'entremise du Programme d'aide au développement de l'industrie de l'édition (PADIÉ) pour nos activités d'édition.

Julie La Rochelle * Jean-Sébastien Lord

INGRÉDIENTS : FARINE (BLÉ), EAU, SUCRE, HUILE DE CANOLA, MARGARINE SANS PRODUITS LAITIERS (SOYA), SUCRE À GLACER, PRÉPARATION DE SOYA, CHOCOLAT (SUCRE, LIQUEUR DE CHOCOLAT, BEURRE DE CACAO, LÉCITHINE DE SOYA, EXTRAIT DE VANILLE), EAU, CAFÉ, POUDRE À PÂTE, SEL.

*PEUT CONTENIR DES TRACES de bonheur

Recettes, trucs et conseils pour les personnes souffrant d'allergies alimentaires et leur entourage

ASSOCIATION QUÉBÉCOISE DES ALLERGIES ALIMENTAIRES

LES ÉDITIONS DE L'HOMME
Une compagnie de Quebecor Media

Préface

J'ai connu Julie La Rochelle lorsqu'elle m'a proposé de me présenter sa gamme de produits sans allergènes. J'ai tout de suite été charmée, non seulement par cette femme resplendissante, mais également par ses produits de boulangerie, qui sont une merveilleuse réussite, malgré les défis associés aux restrictions d'allergènes. Il va sans dire que le sujet des allergies alimentaires me touche particulièrement.

Tout comme son fils Charles-Antoine, j'ai eu une enfance difficile, car j'avais de nombreuses allergies. Son histoire m'a émue, car j'y ai trouvé beaucoup de similitudes avec la mienne. C'est à l'âge de 2 ans que j'ai eu mon premier choc anaphylactique. Je mangeais de la truite et, quelques minutes seulement après ma première bouchée, mes bronches se sont refermées. Je n'arrivais plus à respirer, et mes parents croyaient que je m'étais étouffée avec une arête. À l'hôpital, le diagnostic a vite été confirmé. Il s'agissait d'une crise allergique qui aurait pu s'avérer mortelle.

Depuis, j'ai eu deux autres chocs anaphylactiques, le premier au contact des chevaux, le second, en mangeant du saumon. Mon rêve de faire de l'équitation s'est vite évanoui quand j'ai pris mes premiers cours. Mon visage est alors devenu enflé et rouge, et ma respiration saccadée. Tout comme cette fois où j'ai mangé du saumon frais au restaurant pour la première fois... par chance, l'hôpital était tout proche. Et pourtant, les pâtés au saumon de ma mère, faits avec du saumon en conserve, ne m'avaient jamais fait réagir... Complexes, les allergies alimentaires... comment l'organisme peut-il réagir au produit frais, mais non au produit appertisé ? Une question à laquelle aujourd'hui, malgré mon métier de nutritionniste, j'ai peine à répondre.

Outre ces réactions sévères, de l'âge de 1 an à 4 ans, mes pieds et mes mains étaient couverts d'eczéma. Comme à Charles-Antoine, on me mettait des bandages pour m'empêcher de me gratter, mais je les arrachais et je me grattais jusqu'au sang. Les gens pensaient que j'avais été brûlée, car ma peau pendait en lambeaux... Et que dire de mes crises d'asthme, de mon rhume des foins accablant, de mes allergies à tous les poissons à chair rouge, aux tomates, aux noisettes et aux noix, en plus des allergies à la poussière et à tous les animaux.

À l'époque, les ressources étaient moins nombreuses, et faire l'épicerie sans aide était encore plus complexe. C'est sans compter les sorties au restaurant où le stress était constant. Le chef a-t-il fait griller ma viande sur la même plaque que le saumon ? A-t-il pris toutes les précautions nécessaires, malgré l'achalandage du resto ? Heureusement, depuis, mes allergies ont considérablement diminué, il ne me reste que les allergies les plus sévères : les poissons à chair rouge et les chevaux. Malgré tous les bénéfices associés à la consommation de poisson, je sais que je ne pourrai jamais consommer suffisamment d'oméga-3... j'ai même récemment réagi à un fromage et à un yogourt qui contenaient de l'huile de poisson, prétendument purifiée, donc, en théorie, sans protéines allergènes. Chaque fois, les symptômes conduisent à un état de panique : picotements sur la langue, enflure du visage, difficulté à respirer... vite, où ai-je mis mon EpiPen® ? Ma seringue est alors la seule chose qui puisse me sauver la vie.

Vivre en étant constamment exposés aux allergènes qui peuvent nous être fatals rend nos parents anxieux, car ils ne peuvent contrôler entièrement notre environnement alimentaire. Julie et Jean-Sébastien ont fait face à des angoisses semblables à celles que vivent plusieurs parents qui apprennent la maladie de leurs enfants. Ils ont retroussé leurs manches pour rendre la vie de Charles-Antoine plus agréable, mais aussi pour apporter une aide précieuse à tous les autres parents qui vivent un stress semblable.

Leur récit m'a touchée, tant de ressemblances avec mon histoire, tant d'inquiétudes partagées. Et puisque la prévalence des allergies alimentaires semble s'accroître, de plus en plus de familles doivent faire face au même défi : celui d'offrir une nourriture saine et sans danger à leurs enfants. Le casse-tête en cuisine se transforme en partie de plaisir avec les outils mis au point par Julie et son équipe.

Des tests en laboratoire qui assurent la sécurité des produits des Aliments Ange-Gardien sont faits au sein même de l'entreprise. Ces petites douceurs ne peuvent que réjouir les personnes qui souffrent d'allergies et qui n'ont plus à se priver de collations et de desserts savoureux. Ils sont tellement bons, en fait, que même les gens qui n'ont pas d'allergies prennent plaisir à découvrir cette gamme d'aliments variés.

Généreux et altruistes, Julie et Jean-Sébastien ont décidé d'aller plus loin en vous offrant, dans ce livre, des recettes nutritives, contenant le moins d'allergènes possible. De l'entrée aux desserts, en passant par les plats principaux variés et les préparations aux légumes amusantes, les recettes sont conçues pour plaire à toute la famille. Elles sont si invitantes qu'on a le goût de parcourir le livre même si on ne souffre pas d'allergies alimentaires. Les personnes allergiques et leurs familles apprécieront la mention des allergènes présents dans les recettes et les nombreuses idées pour faire des substitutions, comme cette Émulsion de pommes de terre pour remplacer la mayonnaise. Avec cet ouvrage, la variété remplace avantageusement la monotonie, qui est souvent associée aux régimes des personnes allergiques. Si on y retrouve certains classiques revisités, des recettes originales y sont aussi présentées. Voilà une belle façon de discuter autour de la table, n'est-ce pas d'ailleurs le meilleur moment pour réunir sa famille ?

Merci à Julie et à Jean-Sébastien de partager leurs meilleures recettes pour le plus grand bonheur de tous. Chers lecteurs, vous pouvez vous régaler en toute confiance !

Bon appétit !

Isabelle Huot,
docteur en nutrition

Table des matières

Préface 6

Introduction 11

Entrées 47

Plats principaux 77

- Volaille 78
- Poissons 102
- Viandes 114
- Pâtes 122
- Barbecue 130
- Boîtes à lunch 144

Légumes et accompagnements 149

Desserts 165

Liste synonymes des allergènes 182

- Mots clés pour les arachides 182
- Mots clés pour le blé 183
- Mots clés pour le lait de vache 184
- Mots clés pour les noix 185
- Mots clés pour les œufs 186
- Mots clés pour les protéines bovines 187
- Mots clés pour le soya 188

Remerciements 189

Bibliographie
et sources d'informations utiles 189

Index des recettes 190

À NOTER • À NOTER • À NOTER • À NOTER • À NOTER

Les recettes et les informations contenues dans ce livre ont été validées par le Dr Simon Phaneuf, ainsi que par Chantal de Montigny, nutritionniste de l'Association québécoise des allergies alimentaires (AQAA).

Nous les remercions pour leur précieuse collaboration.

Introduction

Ce court récit, prélude à notre livre de recettes, est une quête. Celle de retrouver le bonheur de manger après avoir été forcés d'éliminer de notre alimentation à peu près toutes les recettes que nous avions l'habitude de préparer. Nous ne sommes ni médecins ni nutritionnistes. Nous ne pouvons vous parler des allergies alimentaires qu'en tant que parents d'un petit bonhomme de 6 ans, Charles-Antoine, qui vit avec des allergies aux produits laitiers, aux œufs, aux arachides, aux noix et même... à la moutarde !

Nous avons eu le désir de partager avec vous cette période de notre vie dans laquelle plusieurs personnes pourront sans doute se reconnaître. Comment avons-nous découvert que notre fils avait des allergies alimentaires ? Comment avons-nous réagi ? À quelles ressources avons-nous dû faire appel pour comprendre ce que nous vivions ?

Mais surtout... Comment se nourrir sans sombrer dans le désespoir, lorsqu'un grand nombre d'aliments sont devenus subitement extrêmement dangereux pour la vie de notre enfant ? Pendant longtemps, ce défi nous a paru insurmontable...

En effet, que reste-t-il lorsque l'on élimine systématiquement de notre alimentation toute trace de produits laitiers, d'œufs, d'arachides, de noix et de tous leurs dérivés ?

Lorsque l'on retire les œufs, ce ne sont pas seulement les omelettes qu'il faut abandonner. Biscuits, gâteaux, mayonnaise, pâtes fraîches, quiches, pains briochés, pâtés (pour ne nommer que ceux-ci) sont aussi à proscrire. Pour les produits laitiers, la liste est encore plus longue : crème glacée, saucisses, chocolat, beurre, fromages, la plupart des viandes froides, yogourt...

Et pour comprendre ce que cela signifie de devoir éviter les arachides et les noix pour une personne allergique, faites simplement l'exercice de regarder combien d'aliments portent la mention : « * Peut contenir des traces d'arachides et/ou de noix » et vous commencerez à avoir une petite idée de la complexité de faire l'épicerie et de cuisiner des repas décents.

Ce livre vise plusieurs objectifs. Le premier est de poursuivre le travail que nous avons amorcé avec la fondation des aliments Ange-Gardien, une entreprise qui produit des desserts et des collations pour les personnes allergiques.

Nous voulons aussi aider les gens qui ont des allergies alimentaires à briser leur isolement. Cet ouvrage s'adresse à eux, autant qu'à leur entourage. Oui, il est complexe de cuisiner pour ceux qui ont des allergies, mais *il est possible de le faire*, sans sacrifier le bon goût ou la texture des aliments. Il faut surtout être bien informés, avoir une certaine dose de bon sens et ne pas avoir peur de poser des questions.

D'ailleurs, si les allergies de Charles-Antoine disparaissaient du jour au lendemain, nous continuerions à préparer la plupart des recettes de ce livre, car celui-ci a d'abord été conçu pour tous les amoureux de la nourriture et de la bonne cuisine.

Pendant plusieurs mois, notre petite famille a mis la main à la pâte et a collaboré à l'écriture de ces recettes. Avec beaucoup de détermination, nous nous sommes entassés dans notre toute petite cuisine, armés seulement de quelques couteaux mal aiguisés et de casseroles millénaires…

Nos enfants goûtaient avec plaisir à une foule de nouveaux plats. Charles-Antoine nous a accompagnés dans notre travail en nous donnant des opinions bien arrêtées sur chacune de ses découvertes. Et notre autre fils, Élliot, qui ne souffre pas d'allergies alimentaires, était surtout bien heureux de pouvoir déguster autant de nouveaux desserts !

Nous avons ainsi réuni pour vous plus d'une centaine de recettes qui, nous l'espérons, vous aideront à contourner les contraintes alimentaires auxquelles vous faites face.

Nous vous offrons donc le récit de cette aventure qui nous a donné une perspective particulière sur l'alimentation et sur le monde qui nous entoure. Nous faisons la promesse à notre fils, ainsi qu'à toutes les autres personnes allergiques, que nous continuerons à faire tout ce qui est en notre pouvoir pour leur rendre la vie plus savoureuse.

Malgré toutes les difficultés que l'on peut rencontrer lorsque l'on doit composer avec des allergies alimentaires, nous vous souhaitons de trouver dans ce livre, vous aussi, des… *traces de bonheur* !

Julie La Rochelle
Jean-Sébastien Lord
www.tracesdebonheur.com

Par une douce soirée de canicule…

Nous habitions Montréal, dans un vieil appartement de la rue Chateaubriand, tout près du marché Jean-Talon. Tous les jours, avec mon énorme ventre tout rond, je prenais plaisir à défier la loi de la gravité et j'allais arpenter les allées du marché. L'été caniculaire de 2002 transformait cette petite marche quotidienne en une véritable expédition.

J'aimais aller y acheter des fromages pour faire de somptueuses fondues avec du gruyère vieilli en grottes, du vacherin et de l'emmental. Tous les commerçants ne pouvaient s'empêcher de sourire en me voyant arborer ainsi mon ventre aux proportions plutôt improbables pour une femme de ma stature… Jean-Sébastien, mon conjoint, travaillait surtout de la maison et nous profitions de notre dernier été à deux, heureux, avant l'arrivée de notre premier enfant.

***

C'était un soir de juillet. Il faisait très chaud. Le bruit du ventilateur qui surchauffait enterrait le chant des grillons. Mon gros ventre commençait à me peser, et me déplacer devenait de plus en plus difficile.

Mes jambes me démangeaient… Cela durait depuis des mois ! J'étais allée dans un tout-inclus à Cuba pendant le temps des Fêtes et des insectes m'avaient piquée partout sur les jambes. Il n'y avait là rien de bien particulier : les moustiques me vouent depuis toujours un amour sans borne ! Sauf que 6 mois plus tard, je ne sais trop par quel phénomène allergique étrange causé par ma grossesse, les jambes me démangeaient toujours et m'empêchaient d'avoir une nuit de sommeil décente.

Chaque fois que je sortais de la maison, je devais apporter un immense chaudron que je remplissais d'eau glacée pour pouvoir y tremper mes pieds. Ce n'était pas très élégant, surtout lorsque nous allions visiter des gens, mais c'était la seule chose qui pouvait me procurer un peu de répit… Certains de nos amis en rigolent encore lorsque nous en reparlons !

Après coup, je ne peux m'empêcher de penser que ces démangeaisons bizarres semblent avoir été annonciatrices de ce que mon fils allait vivre au cours des premières années de sa vie.

Ce soir-là, justement, j'avais les deux pieds dans mon chaudron d'eau glacée. Je regardais, avec Jean-Sébastien, une reprise d'une insipide comédie de situation américaine, écrasée par l'humidité ambiante. Il flottait dans la cuisine une odeur de basilic frais que nous avions laissé négligemment flétrir sur le comptoir. La date prévue pour l'arrivée de notre poupon était toute proche. Nous savions qu'il ne restait plus qu'à attendre.

Puis, sans raison apparente, Jean-Sébastien m'a prise par la main et m'a glissé à l'oreille : « Je trouve qu'on vit des beaux moments… »

J'ai souri, émue. Il est vrai que l'été que nous étions en train de vivre était doux et paisible. Je me suis levée, j'ai essuyé mes pieds et, en me dirigeant vers la cuisine, j'ai crevé mes eaux.

Cela ressemblait à un moment trop bien orchestré dans un film hollywoodien… Tout était pourtant bien réel : notre petit Charles-Antoine allait venir au monde et le plancher était détrempé.

***

Je ne sais plus si nous avons pris le temps d'essuyer le plancher avant de partir, mais nous avons filé vers l'hôpital, sachant que le moment était bel et bien venu. C'était le 18 juillet. D'un seul coup, la vie s'ouvrait devant nous. C'était vertigineux.

Nous avons roulé doucement dans la nuit, en échangeant peu de mots. Nous avions parlé de ce moment mille fois déjà. Tout avait été dit. Une mince couche de nuages cachait la lune. La route était presque déserte. Le temps était suspendu.

Nous nous sommes même arrêtés à la pharmacie pour acheter des revues. La soirée s'annonçait longue, car je n'avais pas encore de contractions... J'attendais Jean-Sébastien dans la voiture pendant que je tentais en vain de comprendre la portée de ce qui allait se produire.

Nous ne savions pas à quel point l'arrivée de ce petit garçon allait bouleverser nos vies. Il allait nous apporter, certes, de grands défis, mais il allait surtout tirer, au plus profond de nous, une force dont nous ne soupçonnions pas l'existence.

Un cœur sur la joue

Je venais d'avoir mon premier enfant, j'étais la plus heureuse des mamans. À sa naissance, Charles-Antoine avait le crâne un peu déformé à cause d'un accouchement difficile qui s'est terminé en césarienne, après 22 heures de travail. Inutile de dire que pendant tout ce temps, nous n'avons pas lu les magazines que nous avions achetés en route. C'était comme si, au dernier moment, Charles-Antoine avait hésité avant de se sortir le bout du nez au grand jour...

Les piqûres qui décoraient mes jambes ont disparu comme par enchantement, tout de suite après ma sortie de l'hôpital. Je tenais enfin mon bébé dans mes bras. Nous allions goûter aux joies d'être parents.

Mais lorsque je repense aux premiers mois de la vie de Charles-Antoine, il y a comme un brouillard autour de mes souvenirs...

Je me souviens d'abord d'interminables et douloureuses coliques et de Jean-Sébastien qui retenait difficilement le bébé sur son ventre chaud pour tenter de le soulager. Souvent, au milieu de la nuit, je l'emmenais faire un tour de poussette autour du pâté de maisons pour le calmer... Parfois, cela donnait de bons résultats.

Déjà, nous avions oublié les repas au restaurant, car l'un d'entre nous était systématiquement obligé de faire des longueurs avec le bébé à l'extérieur de l'établissement en lui donnant de petites tapes sur les fesses pour le distraire de son inconfort.

À 3 mois, il a commencé à faire de l'eczéma, surtout au visage. Au début, sa première plaque était en forme de cœur, sur sa joue gauche. Ironiquement, cette plaque avait même quelque chose de charmant... Jusqu'à ce que cet eczéma commence à dégénérer et que nous nous rendions compte que toutes les crèmes du monde n'y pouvaient rien.

Je me souviens de deux vieilles dames qui ont grimacé et rigolé en voyant mon bébé dans sa poussette, Plaza Saint-Hubert, pendant un après-midi ensoleillé. Il y a des moments comme ceux-ci, en apparence anodins, qui restent gravés dans la mémoire. Le regard des autres est toujours bien difficile à accepter, surtout lorsqu'il se moque de l'apparence de son petit garçon que l'on aime tant... Elles ne voyaient pas, comme moi, le magnifique bébé qui se cachait sous ses plaques purulentes.

Il est vrai que ces plaques étaient vite devenues impressionnantes. Charles-Antoine passait le plus clair de son temps à vouloir se gratter, malgré les petites mitaines que nous tentions en vain de faire tenir dans ses mains... Il n'était pas rare de retrouver les draps de son lit tachés de sang le matin venu, parce qu'il était parvenu à enlever ses mitaines et à se gratter avec ses ongles pourtant coupés à ras.

Parfois, lorsque j'étais seule en voiture avec lui, il commençait à se gratter frénétiquement le visage, au beau milieu d'un bouchon de circulation, boulevard Métropolitain. Il m'était alors impossible de le contrôler, de lui tenir les mains ou de m'arrêter pour le calmer.

Pendant qu'il s'arrachait littéralement le visage, je ne pouvais que le regarder hurler, par le rétroviseur de la voiture. Impuissante, je me demandais de quoi il aurait l'air à l'arrivée... Seule la musique d'un disque de berceuses parvenait quelquefois à l'assoupir, mais souvent le mal était fait : son visage était devenu une plaie vive.

Au fil des nuits blanches, des coliques et des démangeaisons, nous nous sommes retrouvés au centre d'une sorte de trou noir qui nous a complètement absorbés pendant plusieurs mois. Nous étions fatigués, stressés et nous étions de moins en moins capables de gérer efficacement nos tâches quotidiennes, tant au travail que pour le reste.

Le petit dessert au fromage

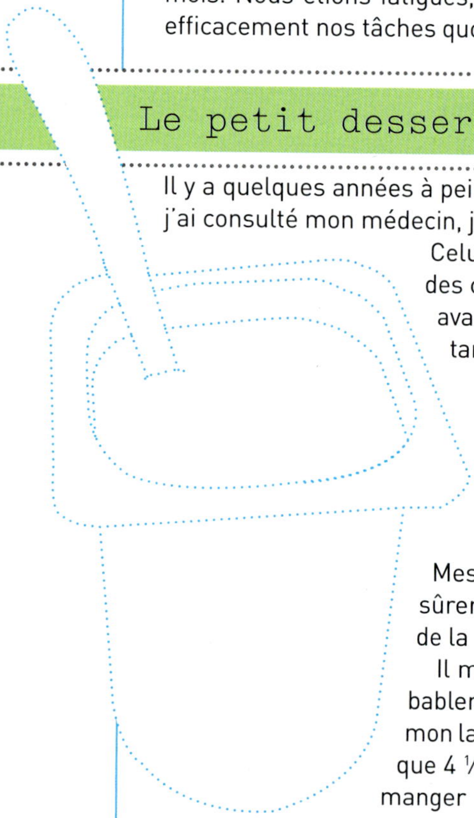

Il y a quelques années à peine, on parlait beaucoup moins d'allergies alimentaires. Lorsque j'ai consulté mon médecin, j'avais des doutes à ce sujet et il ne m'a pas prise au sérieux. Celui-ci, compatissant, nous disait qu'il était normal qu'un enfant ait des coliques et nous assurait qu'elles disparaîtraient d'elles-mêmes avant l'âge de 6 mois. Puis il nous a prescrit un peu de crème hydratante à la cortisone pour son eczéma.

Mais derrière le regard bienveillant du médecin, j'ai bien senti quelque chose qui ressemblait à un jugement destiné à une « petite madame » qui s'énervait pour rien. J'étais une jeune maman inexpérimentée qui n'avait – littéralement – pas encore vu neiger depuis la naissance de son bébé.

De toute façon, je me disais qu'il avait probablement raison. Mes hormones me jouaient des tours depuis plusieurs mois et j'étais sûrement en train de construire un scénario catastrophe basé sur de la fatigue et d'irrationnelles inquiétudes...

Il m'a ensuite dit que le bébé avait probablement faim et qu'il était possible que mon lait ne lui suffise pas, même s'il n'avait que 4 ½ mois. Il nous a suggéré de lui faire manger un de ces petits desserts au fromage, que le bébé adorerait, à coup sûr, et qui lui procurerait un sentiment de satiété.

Après plusieurs jours d'hésitation, à bout de ressources pour consoler ses pleurs, nous avons décidé de lui en donner. Ce fut une catastrophe. Charles-Antoine fut couvert d'urticaire, il s'est mis à hurler, à avoir mal au ventre... Heureusement, après une dose **d'antihistaminique** (Benadryl®), que nous avions par chance dans la pharmacie, les symptômes se sont rapidement atténués.

UN **ANTIHISTAMINIQUE** EST UN MÉDICAMENT QUI SERT À RÉDUIRE OU À ÉLIMINER LES EFFETS DE L'HISTAMINE, UNE MOLÉCULE LIBÉRÉE LORS D'UNE RÉACTION ALLERGIQUE, QUI EST RESPONSABLE D'UNE GRANDE PART DES MANIFESTATIONS DE CETTE RÉACTION.

Lorsque nous repensons à ce que ce médecin nous avait suggéré de faire (malgré les doutes que j'avais au sujet de possibles allergies alimentaires), sans précaution, sans **seringue d'épinéphrine** à portée de la main, nous ne pouvons qu'arriver à une conclusion : cela aurait pu très mal tourner.

La seule raison pour laquelle je raconte cette anecdote, c'est pour montrer qu'il y a encore bien de l'enseignement à faire concernant les allergies alimentaires et ce, dans toutes les couches de la société. Combien de fois avons-nous senti, même avec ceux qui étaient très proches de nous, que nous faisions des caprices en parlant des allergies de notre fils ?

D'ailleurs… une allergie alimentaire, qu'est-ce que c'est exactement ?

Une allergie, c'est une réaction exagérée du système immunitaire en présence de quelque chose qui est normalement inoffensif.

Pauline, une amie de la famille, avait une peur panique des araignées. La simple vue de leurs petites pattes grouillantes était presque suffisante pour lui causer un infarctus. Elle devenait toute rouge, elle commençait à avoir chaud et perdait littéralement tous ses moyens devant la plus inoffensive de ces petites bêtes.

Sur un autre plan, c'est à peu près le même mécanisme qui se produit dans le cas d'une allergie alimentaire. Le système immunitaire détecte, par exemple, une protéine de lait, qui n'est absolument pas dangereuse et… il répond à la présence de celle-ci de façon complètement exagérée.

Cela peut entraîner des symptômes comme de l'urticaire, des éternuements, le nez qui coule, de l'asthme, de l'eczéma, des sifflements respiratoires, de l'enflure, de la difficulté à avaler, une chute de tension artérielle, des maux de ventre, des nausées, des vomissements, jusqu'à une **réaction anaphylactique** où une injection d'**épinéphrine** peut être nécessaire pour survivre jusqu'à l'urgence.

Une allergie alimentaire – *pas seulement les allergies aux arachides ou aux noix* – peut parfois dégénérer et entraîner la mort assez rapidement si elle n'est pas traitée immédiatement après l'ingestion de **l'allergène**. C'est une maladie sérieuse, sournoise et qui demande une vigilance constante de toutes les personnes qui gravitent dans l'entourage de la personne allergique. Ceux qui comprennent mal ce risque ou qui s'obstinent à n'y voir qu'un « caprice » peuvent facilement mettre cette personne en danger de mort. C'est aussi simple que cela.

Vivre au quotidien, lorsque l'on sait que toute nourriture peut être dangereuse, voilà tout un défi pour la santé du corps… et de l'esprit… !

LA **SERINGUE D'ÉPINÉPHRINE** (EPIPEN® OU TWINJECT®) EST UN AUTO-INJECTEUR FACILE D'UTILISATION QUI ADMINISTRE DE L'ÉPINÉPHRINE (ADRÉNALINE), LE MÉDICAMENT RECOMMANDÉ POUR LE TRAITEMENT DE RÉACTIONS ALLERGIQUES GRAVES. S'IL EST ADMINISTRÉ RAPIDEMENT, CELUI-CI PEUT SAUVER LA VIE D'UNE PERSONNE QUI EST EN TRAIN DE SUBIR UNE CRISE D'ALLERGIE GRAVE.

L'**ANAPHYLAXIE**, C'EST LE NOM DONNÉ À UNE RÉACTION ALLERGIQUE AIGUË QUI TOUCHE PLUSIEURS SYSTÈMES. CELLE-CI PEUT ÊTRE DÉCLENCHÉE PAR TOUT TYPE D'ALLERGÈNE (ALIMENTS, MÉDICAMENTS, PIQÛRES D'INSECTES OU AUTRE) ET PEUT S'AVÉRER MORTELLE DANS SES FORMES PLUS SÉVÈRES.

ALLERGÈNE : SUBSTANCE QUI EST À L'ORIGINE D'UNE RÉACTION ALLERGIQUE.

Convaincus que Charles-Antoine avait vraiment un problème d'allergie, nous avons commencé à chercher de l'information sur le sujet. J'ai alors appris que Jean-Sébastien avait eu une allergie aux œufs lorsqu'il était bébé, mais que celle-ci avait rapidement disparu.

Comme je suis moi-même allergique au homard et à l'herbe à poux, les facteurs génétiques ne jouaient pas en faveur de notre progéniture : lorsque les deux parents ont des allergies, la probabilité que leur enfant en ait à son tour est de l'ordre de 40 à 60 %. Tandis que lorsque les deux parents n'ont pas d'allergies, cette probabilité est d'environ 15 %. – Source : L'Association d'information sur l'allergie et l'asthme (www.aiaa.ca).

Plus nous lisions, plus des morceaux du puzzle commençaient à s'assembler. Nous avons appris que lorsque l'on souffre d'allergies, il y a davantage de chances que l'on puisse faire de l'asthme ou de l'eczéma. Décidément, tout ce qui arrivait était écrit dans le ciel...

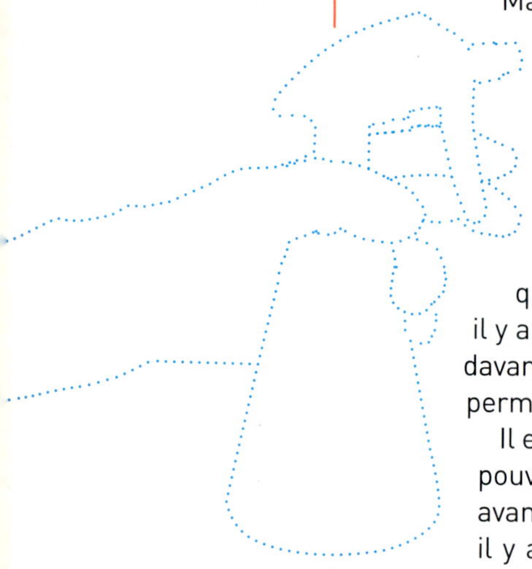

Mais, bien sûr, la grande question que tout le monde se pose : qu'est-ce qui cause les allergies ? Les facteurs génétiques à eux seuls ne peuvent expliquer une telle augmentation du nombre de personnes qui en souffrent.

Plusieurs théories circulent sur les causes de l'explosion des cas d'allergies. Il y a l'hypothèse « hygiénique ». Selon cette théorie, nous vivons dans une société tellement propre et aseptisée que le système immunitaire réagit à un manque de stimulation. Le système immunitaire, qui n'arrive pas à trouver suffisamment de bactéries et de microbes à combattre, s'invente de nouveaux « ennemis » qui seraient autrement inoffensifs. C'est pourquoi, toujours selon cette hypothèse, il y aurait moins d'allergies dans les pays en voie de développement, où les gens sont davantage en contact avec un nombre plus élevé de bactéries et de microbes, ce qui permet à leur système immunitaire de se développer plus rapidement.

Il existe aussi la théorie qui veut que grâce à (ou à cause de) la mondialisation, nous pouvons maintenant déguster une foule d'aliments auxquels nous n'avions pas accès avant. Et, statistiquement, plus il y a d'aliments différents dans un régime donné, plus il y a de chances que le système immunitaire réagisse à l'un ou à l'autre de façon exagérée.

Les allergies alimentaires pourraient aussi s'expliquer en partie par le phénomène des haptènes. Un haptène est une molécule inoffensive en elle-même qui, mise en présence d'un allergène, va déclencher une réaction immunitaire (ou allergique) chez une personne qui n'aurait pas eu de réaction à l'allergène seul. Malheureusement, par la suite, l'haptène n'est souvent plus nécessaire au déclenchement de la réaction allergique. Il est facile d'imaginer que plus on rajoute de molécules dans notre environnement, que ce soit des polluants, des engrais, des herbicides ou des produits exotiques provenant de l'autre bout de la planète, plus il est possible que l'on rencontre de tels types de combinaisons explosives...

D'autres pensent aussi que la pollution et la contamination environnementale finissent fatalement par détraquer le système immunitaire. Il s'agit là d'une autre explication logique, mais qui ratisse plutôt large lorsque l'on veut tenter de circonscrire le problème...

Beaucoup de théories circulent donc, mais les mécanismes qui font en sorte qu'une allergie se déclare ou non restent encore méconnus.

Pour moi, au-delà de ces théories, mon fils est un véritable petit baromètre de l'état de santé de la planète. Lorsque je le regarde, je ne peux que constater qu'elle est clairement malade. Selon l'Association québécoise des allergies alimentaires, de 6 à 8 % des enfants souffrent d'une allergie alimentaire, ainsi que de 2 à 4 % des adultes. Cela fait beaucoup de gens qui mettent leur vie en danger au moment des repas...

À l'heure actuelle, le seul remède à une allergie alimentaire, c'est... d'éviter complètement l'aliment allergène ! Il s'agit, vous en conviendrez, d'un constat d'impuissance plutôt triste. C'est un peu comme si je disais que la solution à la faim dans le monde, c'est que tout le monde puisse manger à sa faim...

J'aimerais bien monter aux barricades pour tenter de contrer la hausse des allergies alimentaires, mais tant que l'on ne connaît pas les véritables coupables, nous ne pouvons qu'appliquer des pansements sur des plaies ouvertes.

La diète des diètes !

Après l'aventure du petit dessert au fromage, j'ai contacté le CLSC de mon quartier. On m'a mis en contact avec une nutritionniste qui a tout de suite soupçonné, elle aussi, que mon fils pouvait avoir des allergies alimentaires. Elle m'a suggéré de retirer tous les produits laitiers de mon alimentation pendant une semaine, pour voir si cela avait un effet sur l'eczéma et les maux de ventre de mon fils.

J'ai tenté l'expérience et, effectivement, au bout d'une semaine, nous avons cru voir une diminution de ses symptômes. J'ai voulu pousser la logique plus loin et j'ai découvert, au fil de mes recherches, ce que l'on appelle la diète d'exclusion.

Dans cette diète, on suggère à la mère qui allaite d'éviter tous les allergènes les plus communs dans son alimentation, quand l'enfant manifeste des symptômes d'allergies.

J'ai donc systématiquement retiré de mon alimentation les produits laitiers, les œufs, les protéines bovines, les arachides, les noix, le soya, les poissons, les fruits de mer, bref, tous les aliments les plus allergènes pour qu'ils ne se retrouvent plus dans mon lait. Plus simplement, je pouvais presque seulement manger des pâtes, des légumes et du poulet ! Bonjour, le post-partum !

Inutile de dire qu'il s'agit là d'un exercice incroyablement complexe qui devient rapidement démoralisant. Surtout lorsque les inconditionnels de l'allaitement maternel jouent de la culpabilisation lorsque l'on mentionne du bout des lèvres que l'on songe à cesser d'allaiter son enfant avant qu'il ait l'âge de 14 ans...

NOTE : POUR LE BIEN-ÊTRE DU BÉBÉ, ON SAIT QUE LA MÈRE QUI ALLAITE DOIT SOUVENT FAIRE UNE DIÈTE. MAIS ON N'A PAS TOUJOURS BESOIN D'ÉLIMINER TOUS LES ALLERGÈNES. SOUVENT, LE RETRAIT DU LAIT OU DES ŒUFS PEUT SUFFIRE. SI UNE MÈRE DÉSIRE OU DOIT ÉLIMINER PLUSIEURS ALIMENTS, IL EST PRÉFÉRABLE QU'ELLE CONSULTE UNE DIÉTÉTISTE AFIN DE LUI PERMETTRE DE TROUVER DANS D'AUTRES ALIMENTS LES VITAMINES, LES MINÉRAUX, LES PROTÉINES, LES GRAS ET LES SUCRES NÉCESSAIRES.

Ce qui m'encourageait, cependant, c'est que les douleurs abdominales de Charles-Antoine semblaient se calmer davantage depuis que je suivais cette nouvelle diète, même si, malgré toutes mes précautions, je sentais qu'elle commençait à altérer ma santé.

Une chose est sûre : il ne faut pas se lancer aveuglément dans une telle diète, parce qu'il est bien difficile d'éviter les carences lorsqu'un aussi grand nombre d'aliments sont proscrits. Pour ma part, au bout de quelques semaines, j'avais le teint gris et je sentais que je m'affaiblissais.

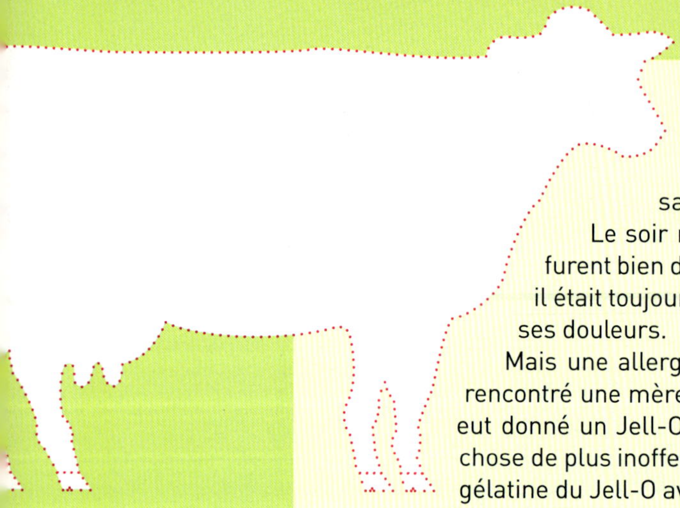

Pendant que je suivais cette diète, au cours d'une fête, j'avais mangé un morceau de pâté de foie de canard qui contenait de la gélatine dans laquelle se cachaient, sans que je le sache, des protéines bovines.

Le soir même, Charles-Antoine a eu de violents maux de ventre qui furent bien difficiles à calmer. Coïncidence ? Avec un enfant aussi sensible, il était toujours compliqué de mettre le doigt avec certitude sur la cause de ses douleurs.

Mais une allergie aux protéines bovines peut être très sournoise. J'ai déjà rencontré une mère qui pleurait le décès de son enfant, après que quelqu'un lui eut donné un Jell-O par inadvertance. Peut-on sérieusement imaginer quelque chose de plus inoffensif pour un enfant ? Les protéines bovines contenues dans la gélatine du Jell-O avaient provoqué un choc anaphylactique dont son petit garçon de 4 ans ne s'était pas remis.

Ce sont des histoires qui font mal au ventre et qui font prendre conscience que, pour une personne qui a des allergies alimentaires, même avec toutes les meilleures intentions du monde, la vie peut basculer en quelques minutes.

* * *

Nous n'étions plus invités à souper nulle part, car ma diète était devenue trop complexe à gérer. Notre seule obsession était la nourriture. Je rêvais la nuit que je mangeais des omelettes géantes ou que je nageais dans un caquelon de fondue au fromage !

Un jour, j'étais au centre-ville et je venais de passer une audition pour une publicité plutôt insignifiante. J'étais démoralisée et je voyais tout en noir.

J'étais affamée en sortant de l'audition. Je ne pouvais pas manger de ci, ni de ça, parce qu'il pouvait y avoir des œufs, du lait, du beurre, du fromage, des noix... Ma tête commençait à tourner, les restaurants défilaient rue Sainte-Catherine et je n'arrivais pas à trouver une solution convenable qui ne contrevenait pas à ma diète.

En désespoir de cause, je suis allée dans un *delicatessen* et j'ai commandé un smoked meat, un mets que je mange à peu près une fois tous les cinq ans. Une fois rassasiée, j'ai téléphoné à Jean-Sébastien pour lui dire que j'étais sur le chemin du retour. Il a semblé surpris. Et je ne comprenais pas pourquoi.

– Tu veux me dire que... Tu as mangé... du bœuf ?

– Non... Du smoked meat, c'est du porc...

– Du smoked meat, ce n'est pas fait avec du porc, je suis certain...

Il y eut un silence. Le temps s'est arrêté.

J'ai senti mon sang se glacer quand j'ai compris mon erreur. Je savais bien pourtant que le smoked meat était fait avec du bœuf, mais... vraiment... je n'ai aucune idée pourquoi j'avais occulté cela de mon esprit ! Je m'en voulais terriblement.

Je venais de mettre bien involontairement dans mon corps une énorme quantité de protéines bovines. Ces protéines malicieuses étaient en train de passer sournoisement dans le lait qui allait nourrir mon enfant, et Charles-Antoine n'avait pas du tout voulu boire au biberon depuis mon départ de la maison.

Je transportais avec moi deux énormes obus remplis à craquer d'un lait qui pouvait être dangereux pour mon enfant. L'allergie aux protéines bovines n'avait pas été formellement diagnostiquée, mais nous avions des soupçons considérables à ce sujet.

– Merde.

Combien de temps ces protéines allaient-elles rester dans mon organisme ? Étaient-elles vraiment dangereuses ? Quelle quantité de ces protéines allait vraiment se retrouver dans mon lait ? J'ai téléphoné à des hôpitaux, à des groupes de soutien pour les personnes allergiques et tout le monde semblait bien embêté à la seule idée de me suggérer une piste de réponse. Devais-je cesser d'allaiter complètement et d'un seul coup ?

En pleurant, j'ai tiré mon lait à plusieurs reprises et je l'ai jeté. J'ai attendu jusqu'à tard le soir et, tremblante, j'ai redonné le sein à Charles-Antoine. Il était content. Il n'est rien arrivé. Mais je m'en suis voulu longtemps de cette erreur…

J'ai réussi à tenir ce régime exigeant et angoissant jusqu'à ce que Charles-Antoine ait 7 mois. Mais je sais maintenant que j'aurais dû cesser d'allaiter avant. Malgré Jean-Sébastien qui faisait l'impossible pour cuisiner des plats avec le peu d'aliments que me permettait mon régime, j'étais en train d'y perdre définitivement le moral et la santé.

Pendant toutes ces démarches, nous avons enfin eu un rendez-vous en allergologie. Le diagnostic ne fut pas surprenant. Les premiers tests cutanés révélèrent clairement une allergie assez sévère au lait, aux œufs… mais pas aux protéines bovines !

Finalement, cesser d'allaiter fut une libération. Nous avons commencé à donner à Charles-Antoine un lait spécialement conçu pour les enfants allergiques et j'ai pu reprendre ma vie en main.

La suite de l'enquête

Tant que notre fils buvait une préparation hypoallergénique pour nourrissons et qu'il mangeait des purées préparées avec un ou deux ingrédients seulement, nous pouvions plus ou moins maîtriser la situation.

De plus, l'eczéma de Charles-Antoine avait légèrement diminué. Nous avons changé tous ses vêtements et ses draps pour des tissus pâles faits uniquement de coton. Nous avons opté pour un savon à lessive biologique sans parfum ni assouplisseur. Nous lui donnions rapidement un bain à l'eau tiède aux deux jours, en le lavant avec des produits à base d'avoine. Plusieurs fois par jour, on le couvrait aussi de crème hydratante de la tête aux pieds. Ces crèmes étaient efficaces pendant un certain temps, puis devenaient inefficaces par la suite. Et chaque fois que nous changions de crème, il y avait le risque d'une réaction allergique cutanée qui prenait parfois plusieurs jours avant de se résorber…

Les coûts engendrés par toutes les crèmes et les savons, en plus de toutes les dépenses normales associées à la venue d'un enfant, étaient prodigieux. Au lieu de payer tout cela, nous aurions pratiquement pu acheter une succursale de notre pharmacie de quartier !

Lorsque le visage de Charles-Antoine devenait (relativement) normal, nous nous empressions de prendre des photos… Heureusement que Jean-Sébastien maniait habilement le logiciel pour retoucher les photos, cela permettait aux gens de voir le « vrai » Charlot, caché sous ses plaques d'eczéma.

Mais tout n'était pas que noir ! Il est certain que nous mettons ici l'accent sur les allergies de Charles-Antoine, mais la vie de notre fils ne se résume pas qu'à son problème de santé. Loin de là !

Il a fait ses premiers pas vers 1 an, son premier mot était « Doudou », et il était, somme toute, un petit bonhomme joyeux et rieur... Il a toujours été extraordinairement attachant et bouleversant. Ses sourires, lorsqu'il exhibait fièrement ses deux petites dents d'en bas, nous chaviraient le cœur.

Les immenses moments de joie que nous vivions – et que nous vivons toujours – avec lui sont aussi intenses que les moments plus difficiles que nous avons eus à traverser.

L'allergie aux allergies

« Allergie ». Il y a eu un moment où nous ne voulions plus entendre prononcer ce mot. Nous y étions littéralement devenus allergiques ! Avant d'aller manger chez des amis, par exemple, nous nous disions : « OK, ce soir, on ne parle pas d'allergies. Plus capables. »

Mais, bien évidemment, il s'agit d'un sujet qui intrigue et qui prenait beaucoup de place dans nos vies. La conversation finissait invariablement par tomber sur le sujet... Notre vie était un peu devenue celle de chasseurs d'allergies, d'« expérimentateurs » de crèmes contre l'eczéma, de destructeurs d'acariens...

Nous avions notre lot d'anecdotes impressionnantes, de déductions pseudo-scientifiques et de théories sur le sujet... Nous devions être devenus extrêmement redondants sur le plan social. Mais il est difficile de comprendre, pour quelqu'un de l'extérieur, à quel point les allergies pouvaient influencer chacune des décisions de notre vie.

Partir en voyage, manger au restaurant, acheter un nouveau type de pain, le moindre détail de notre vie quotidienne demandait réflexion. Mais jamais nous n'avons refusé d'aller au fond des choses. Pouvions-nous ouvrir la fenêtre la nuit au printemps sans risquer de provoquer une crise d'asthme ? Pouvait-on accepter en cadeau le matelas d'une amie qui avait déjà eu un chat ? Est-ce que mon chandail en tissu synthétique pouvait irriter le visage de mon fils s'il s'appuyait trop sur moi ?

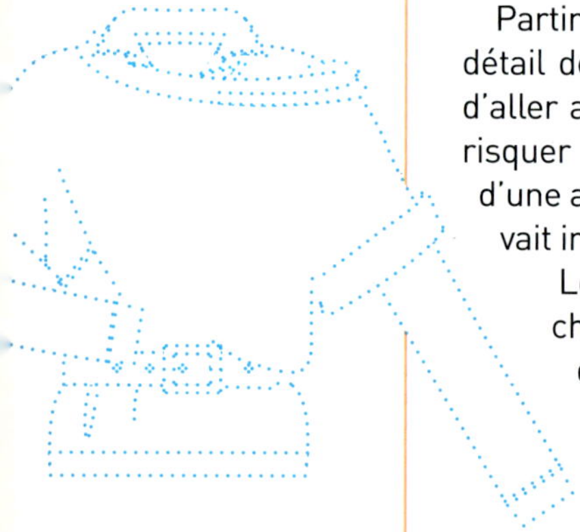

Lorsque je voulais embrasser Charles-Antoine, je devais l'embrasser sur les cheveux. Ses joues étaient trop fragiles et trop sensibles à d'éventuelles traces d'allergènes. Combien de fois des parents ou des amis qui arrivaient à la maison ont embrassé Charlot et ont laissé la marque de leurs lèvres pendant de longues heures sur ses joues fragiles ?

Nous avions l'air de vrais maniaques quand nous demandions aux gens de ne pas embrasser notre fils sur le visage. Encore une fois, cela pouvait être bien difficile à comprendre pour quelqu'un qui ne vivait pas notre combat de chaque instant contre l'eczéma et les allergies...

Mordre dans la vie, à petites bouchées

Pour minimiser les risques de réactions allergiques, nous devions introduire dans l'alimentation de Charles-Antoine chacun des nouveaux aliments en lui donnant seulement de minuscules bouchées. Si tout se passait bien, nous augmentions légèrement la quantité pour les essais subséquents.

Il s'agit d'un processus difficile et angoissant, mais la raison en est simple : c'est lors des premiers contacts avec un aliment que le corps « décide » s'il y sera allergique.

Encore aujourd'hui, lorsque Charles-Antoine s'étouffe en mangeant, nous nous demandons toujours s'il s'est simplement étouffé ou si c'est le début d'une réaction allergique. Une petite lumière rouge s'allume systématiquement dans notre tête chaque fois qu'un symptôme anormal se déclare. Et nous devenons encore plus sensibles à ces manifestations lorsqu'il mange des aliments qu'il consomme plus rarement.

Même s'il fallait sortir de notre relative zone de confort pour essayer de nouveaux aliments, nous devions faire cet effort, car il fallait découvrir s'ils étaient inoffensifs ou dangereux. Les tests cutanés de détection d'allergies que l'on fait passer à l'hôpital sont peu fiables si l'enfant n'a jamais mangé de l'aliment testé.

De plus, l'eczéma de Charles-Antoine, qui revenait périodiquement, compliquait l'introduction de nouveaux aliments : en fait, il était très difficile de faire la différence entre son eczéma « normal » et une réaction allergique... La sauce soya, très salée, lui donnait des démangeaisons au menton et une viande cuite dans de l'huile avait aussi tendance à lui irriter le visage.

Quand je songe à tout cela, je ne peux m'empêcher de me dire qu'une de nos grandes victoires, c'est de constater qu'aujourd'hui notre fils est gourmand et qu'il *aime manger...*

❋ ❋ ❋

Bien sûr, nous n'étions pas toujours d'accord, Jean-Sébastien et moi, sur la façon de procéder ou sur les risques que nous étions prêts à prendre lors de l'introduction de nouveaux aliments.

Ce genre de situation peut mettre un couple à rude épreuve. Il a fallu s'entendre sur une règle de base : nous ne donnions pas un aliment à notre enfant si l'un de nous deux était trop réticent à le faire. Nous devions être d'accord avant de faire l'introduction de toute nouvelle forme de nourriture, afin d'éviter les reproches dans le cas où un essai tournerait mal.

Même si ce n'était pas facile, nous avons fait une équipe du tonnerre. Toutes ces expériences nous ont vraiment rapprochés. Charles-Antoine nous impressionnait beaucoup dans ces situations qui n'étaient pas du tout faciles à comprendre pour un enfant aussi jeune. Sa maturité, son regard vif et sa compréhension des choses, même à un âge précoce, nous confirmaient que nous avions un petit bonhomme bien particulier entre les mains.

Il méritait, à chaque instant, le meilleur de nous-mêmes.

❋ ❋ ❋

Lorsqu'un nouvel aliment était officiellement « accepté » dans la diète de Charles-Antoine (au bout de 4 ou 5 essais), c'était la fête ! Nous parcourions tous nos livres de recettes pour trouver de nouveaux plats que nous avions délaissés. Notre menu s'est mis à s'enrichir de poissons blancs, de sésame, de saumon fumé*... et même de pétoncles sur le barbecue, pour notre plus grand bonheur et pour celui de Charlot.

C'était chaque fois comme si nous redécouvrions un aliment et toutes les façons possibles de l'apprêter. Il suffit parfois d'être privé de quelque chose pour pouvoir véritablement l'apprécier lorsqu'il est de nouveau possible d'en profiter.

ATTENTION, LES ALIMENTS CRUS SONT POTENTIELLEMENT PLUS ALLERGÈNES QUE CEUX QUI SONT CUITS ; CE QUI NE VEUT PAS DIRE QUE LA CUISSON ENLÈVE L'ALLERGÉNICITÉ DES ALIMENTS. CE N'EST QUE DANS CERTAINS CAS QUE LA CUISSON PEUT AIDER.

Mais je ne peux vous dire à quel point je souhaiterais partager une fondue au fromage avec mon fils. Cela fait partie des plats pour lesquels nous n'avons pas trouvé d'équivalent...

❂ ❂ ❂

Parfois, il faut aussi lâcher prise et accepter de ne pas comprendre. Un jour, Charles-Antoine s'est couvert d'urticaire en cassant avec moi des tiges d'asperges crues avant de les mettre dans une casserole pour les faire cuire. Son visage et ses mains se sont couverts en quelques minutes seulement de ce qui ressemblait à des dizaines de piqûres d'insectes.

Je lui ai rapidement lavé les mains et le visage. L'urticaire a disparu presque aussi subitement qu'il s'était manifesté. Nous avons évité les asperges jusqu'à son rendez-vous suivant avec l'allergologue, mais après vérification il n'y était pas allergique. Explication : aucune. Peut-être que ces asperges avaient touché un allergène dans l'arrière-boutique de l'épicerie...

Charles-Antoine a eu la même réaction bizarre tout de suite après avoir bu un jus de fraise qui ne contenait – en théorie - que des ingrédients sans danger pour lui. Une autre spectaculaire poussée d'urticaire s'est manifestée, après seulement quelques gorgées de jus. Pour calmer la crise et en stopper la progression, il a fallu lui administrer une dose d'antihistaminique (Benadryl®*).

* CET ÉPISODE S'EST BIEN TERMINÉ, MAIS SELON LES PLUS RÉCENTES RECOMMANDATIONS, NOUS AURIONS SANS DOUTE DÛ LUI ADMINISTRER L'AUTO-INJECTEUR D'ÉPINÉPHRINE, CAR LE BENADRYL® N'EST PAS CONSIDÉRÉ COMME UN MÉDICAMENT DE PREMIÈRE LIGNE. D'OÙ L'IMPORTANCE DE DEMANDER À SON ALLERGOLOGUE À QUEL MOMENT L'AUTO-INJECTEUR DOIT ÊTRE ADMINISTRÉ.

Pourquoi ces réactions se sont-elles produites ? Nous ne le saurons jamais. Notre médecin nous a dit qu'il y a parfois des choses inexplicables avec lesquelles il faut apprendre à composer. Par la suite, nous avons fait cuire des asperges un nombre incalculable de fois et il n'est jamais rien arrivé de semblable.

Par contre, malgré les propos rassurants et les coupons-rabais donnés par le fabricant, nous n'avons jamais racheté de ce jus de fraise suspect... Et nous avons dû clore ces dossiers sans avoir de réponses à nos questions.

La Révolution... ou le début de la création de ce livre !

L'acceptation de la situation s'est faite graduellement. Oui, Charles-Antoine avait des allergies, mais nous gardions toujours espoir qu'elles puissent disparaître. À chacune de nos visites chez l'allergologue, notre optimisme diminuait. Celui du médecin aussi.

Allions-nous être condamnés pour le reste de notre vie à ne manger que du tofu cru et du poulet bouilli ? Cela nous semblait impensable... Et pourtant... Comment faire pour nourrir notre petit Charles-Antoine en toute sécurité et, à la fois, satisfaire nos élans épicuriens ?

La seule solution qui nous semblait possible à l'époque était de faire systématiquement deux repas, en ne mélangeant pas les ustensiles lors de la cuisson des plats, en évitant les éclaboussures des substances allergènes, en rinçant deux fois la vaisselle, en utilisant deux lavettes différentes pour la laver...

Voici d'ailleurs la première recette concoctée spécialement pour Charles-Antoine :

Blanc de tofu mou sur lit de riz blanc
Couper un bloc de tofu blanc en petits cubes égaux.
Mettre les cubes de tofu dans une assiette, sur du riz.
S'imaginer une sauce ou un coulis, faute de pouvoir en mettre.
Variante : *Faire la même recette avec du blanc de poulet bouilli.*

Comme vous pouvez vous l'imaginer, nous n'avons pas conservé ce régime bien longtemps. Si notre fils ne semblait pas s'en plaindre parce qu'il n'avait jamais connu mieux, il était plutôt déprimant de voir qu'il mangeait toujours sensiblement la même chose.

Je crois que tous les parents qui doivent faire face à des allergies alimentaires, surtout lorsque les allergies sont nombreuses, ont besoin d'un certain temps d'adaptation. Il est presque impossible de changer toutes ses habitudes du jour au lendemain.

De plus, un stress insidieux s'emparait de nous au moment de cuisiner. Et si un ustensile était mal lavé ? Et si un doigt avait touché une substance allergène pendant une seconde de distraction ? Et que dire de la montagne de vaisselle qui accompagnait chacun des repas... ? Tout en double ! Vivre constamment en côtoyant un tel danger use et fatigue de façon sournoise.

Cuisiner avec des substances allergènes, cela revient finalement à manipuler des poisons potentiellement mortels pour la personne allergique. Changeons de point de vue un moment. Du fromage ou des arachides, pour une personne allergique, peuvent être aussi dangereux que du cyanure.

Est-il raisonnable de cuisiner ces aliments à proximité de ceux qui sont destinés à une personne pour qui ils représentent une si grande menace ? Je sais que ces comparaisons peuvent frapper l'imagination, mais je ne les utilise pas à la légère. Je sais trop ce qu'un moment de distraction peut entraîner comme conséquences...

Il ne nous est pas arrivé d'incident majeur à cuisiner de la sorte, mais nous nous sommes graduellement rendus à l'évidence...

Nous étions une famille et nous devions trouver le moyen de partager tous le même repas.

Un an, ça se fête... mais avec quoi ?

Curieusement, Charles-Antoine n'avait pas du tout le désir de vouloir goûter les aliments qui étaient dans les assiettes des autres. Cela étonnait beaucoup les gens, mais pourquoi aurait-il eu ce réflexe ? Jamais nous n'avions pris quelque chose de notre assiette pour le lui faire manger, à cause de tous les dangers que cela pouvait représenter.

Un biscuit ? Il ne savait même pas ce que c'était... il connaissait seulement ses habituels petits craquelins au riz. Il semblait parfaitement heureux à grignoter du tofu, du riz et du poulet bouilli. Il raffolait du brocoli et des haricots. Et comme dessert, il avait droit à des fruits, pas trop acides (à cause de son eczéma), donc à des bananes, la plupart du temps.

Il n'avait jamais rien connu de mieux, alors comment pouvait-il se douter que la nourriture pouvait lui apporter des plaisirs autrement plus intenses ? Nous nous disions que, tant qu'il ne s'en rendait pas compte, cela ne pouvait pas le rendre triste. Il mangeait différemment des autres depuis sa naissance. C'était comme ça et il n'avait jamais pu avoir la preuve que le contraire était possible.

Pour le premier anniversaire de Charles-Antoine, un ami voulait relever le défi de lui préparer un gâteau aux bananes sans utiliser d'ingrédients auxquels notre fils était allergique. Nous étions sceptiques, mais notre ami nous a lu toute la recette et nous nous sommes rendu compte… que Charlot pourrait en manger !

Bien sûr, nous étions inquiets. Mais pour son premier anniversaire, il fallait trouver un moyen pour que fiston puisse se sucrer le bec comme les autres enfants. Même si j'avais parfaitement confiance en ceux qui avaient cuisiné le gâteau, j'avais un doute. Je ne voulais pas devoir partir à toute vitesse à l'urgence au beau milieu de la fête…

Un médecin m'avait déjà confié que de nombreuses réactions allergiques surviennent lors d'anniversaires ou d'occasions spéciales, à des moments où les gens mangent des aliments auxquels ils sont peu habitués. Lorsque le gâteau est arrivé, ces paroles me sont cruellement revenues en tête.

Au début, Charles-Antoine ne savait pas trop quoi faire avec ce nouvel aliment. Puis il s'en est mis un morceau dans la bouche. Il fallait voir le bonheur qu'il y avait dans ses yeux lorsqu'il a goûté à ce gâteau… Évidemment, il n'y avait pas de glaçage, c'était plutôt rudimentaire comme pâtisserie, mais après l'année qu'il venait de traverser, ce gâteau faisait office de grande découverte.

À cet instant précis, il venait de comprendre que manger pouvait être une véritable source de joie. De notre côté, nous venions de comprendre que nous ne pourrions plus jamais aller à une fête sans apporter un gâteau qu'il pourrait manger, maintenant qu'il connaissait intimement les plaisirs de la pâtisserie…

À mesure que nous lui faisions découvrir de nouvelles recettes adaptées à ses allergies, il était plus susceptible d'être frustré de ne pas pouvoir manger de ces aliments quand ils n'étaient pas cuisinés spécialement pour lui. En fait, son ignorance des plaisirs de la vie était plus confortable… pour nous… !

Mais comment lui faire comprendre maintenant qu'un gâteau, même s'il semble délicieux, peut être un poison mortel pour lui ? Dorénavant, à tous les anniversaires, invitations à manger, occasions spéciales, barbecues, mariages, repas entre amis, Noël, nous devions nous mettre au fourneau pour lui cuisiner son gâteau. Aucun parent ne veut voir son enfant avoir de la peine, surtout au beau milieu d'une fête où tout le monde se délecte de la nourriture tout en s'amusant.

Le nombre de desserts que Jean-Sébastien et moi avons cuisiné est impressionnant. Je m'amusais même à faire des gâteaux en forme de bonshommes ou de fusées, avec des glaçages multicolores ! Les autres enfants de la famille commençaient à m'appeler « Ma tante gâteau », moi qui n'avais jamais eu de penchant pour les sucreries… La vie nous conduit parfois sur des terrains bien étranges !

Élliot, le petit frère !

Nous avons ensuite fait ce que nous considérons être un acte de foi énorme envers la vie : nous avons décidé d'avoir un deuxième enfant. Allait-il avoir les mêmes allergies que notre aîné ? Impossible de le savoir, bien évidemment…

Dans certaines familles qui doivent composer avec des allergies alimentaires, les enfants n'ont pas tous nécessairement les mêmes allergies. Un enfant peut être allergique au blé et son frère peut l'être au soya, par exemple… Je vous laisse imaginer quel casse-tête cela peut représenter pour les parents.

Dans notre cas, s'il fallait encore exclure d'autres aliments de notre épicerie, cela deviendrait cauchemardesque... Mais... nous commencions à bien connaître le domaine des allergies alimentaires et nous pensions que nous saurions reconnaître les symptômes beaucoup plus tôt si notre deuxième enfant avait des problèmes de cet ordre.

Et puis nous étions convaincus que si Charles-Antoine pouvait jouer avec un petit frère ou une petite sœur, cela pourrait lui apporter beaucoup de bonheur...

Malgré toutes ces appréhensions, j'ai vécu une seconde grossesse paisible et pleine de douceur. Je savais qu'un autre petit rayon de soleil allait bientôt faire son apparition dans nos vies. À mesure que mon ventre reprenait d'improbables proportions, je sentais ce futur bébé bien déterminé à venir prendre sa place parmi nous.

Deux semaines avant la date où on devait me faire une césarienne, j'ai commencé, en prévention, la même diète d'exclusion que lors de la fin de l'allaitement de Charles-Antoine.

J'avais de nouveau lu, au fil de mes recherches, que de retarder au maximum le contact du bébé avec des protéines allergènes pouvait éventuellement diminuer le risque de développer des allergies. J'ai donc décidé de mon propre chef de tenter ma chance en suivant cette diète pour mon deuxième enfant. J'ai également renoncé aux arachides pendant toute ma grossesse.

Cette fois, j'étais mieux préparée, nous avions épluché nos livres de recettes pour en adapter plusieurs à ce type de diète. Nous étions en terrain connu, d'autant plus qu'avec Charles-Antoine, la plupart des allergènes à éviter étaient d'emblée exclus de notre alimentation.

J'ai donc fait cette diète pour que mon corps ait le temps d'éliminer toute trace d'allergène avant de commencer à allaiter.

J'espérais de tout mon cœur que cela donnerait un coup de main à mon nouveau bébé. Si cela pouvait lui épargner d'avoir à vivre avec des allergies alimentaires, le prix à payer n'était finalement pas très élevé... Est-ce que tous ces efforts avaient réellement une chance de l'aider ? Je n'en savais rien pour le moment.

Par un doux matin de printemps...

Nous sommes partis à l'aube, tirés du sommeil par un réveille-matin. C'était vers la fin du printemps, au moment où la nature commence à reprendre ses droits.

Il y a quelque chose de bien particulier à vivre un accouchement planifié par césarienne. On arrive à l'hôpital à l'heure du rendez-vous, on remplit les formulaires, on patiente un peu dans une salle d'attente et, après quelques coups de scalpel, on tient son bébé dans ses bras...

Pour la petite histoire, la césarienne s'est déroulée normalement et je suis retournée à la maison quelques jours après l'opération, comblée par l'arrivée d'un deuxième enfant.

Pendant l'allaitement de mon deuxième garçon, quelque chose de plutôt mystérieux s'est produit : lorsque Charles-Antoine touchait à de petites gouttes de mon lait, en embrassant son frère, par exemple, il faisait systématiquement de l'urticaire, à l'endroit où il y avait eu contact.

Lors de notre visite suivante chez l'allergologue, nous avons apporté un échantillon de lait maternel et... le résultat du test a été positif !

Le médecin nous a dit que Charles-Antoine devait réagir à quelque chose que j'avais mangé et dont les protéines s'étaient infiltrées dans mon lait. Mais je savais que c'était impossible, je suivais religieusement ma diète et, depuis plusieurs semaines, je n'avalais rien de ce à quoi Charles-Antoine était allergique. Aussi incroyable que cela puisse paraître, il était allergique à mon propre lait !

Les chances qu'il ingère par accident du lait maternel au cours de sa vie étant plutôt faibles, nous n'avons pas poussé l'investigation plus loin, mais il n'en reste pas moins que cette nouvelle découverte fut extrêmement déconcertante.

Et maintenant que nous savions qu'il pouvait y avoir un risque associé à mon lait, il fallait bien laver Élliot après chacun de ses boires et éviter qu'il ne régurgite sur quelque chose qui pouvait entrer en contact avec son grand frère... Je tirais parfois mon lait, il fallait donc aussi apprendre à Charles-Antoine à ne jamais toucher à un biberon, parce que son contenu pouvait être dangereux pour lui !

Décidément, la vie devenait de plus en plus absurde !

❁ ❁ ❁

Au moment où mon corps m'a dit que j'en avais fait suffisamment, au bout de quatre mois et demi, j'ai cessé doucement et sereinement d'allaiter Élliot. Sans culpabilité.

Nous lui avons ensuite donné une préparation hypoallergénique pour nourrissons en prévention. Grâce à nos efforts et à notre rigueur, il n'est entré en contact avec aucun des principaux allergènes avant l'âge d'un an.

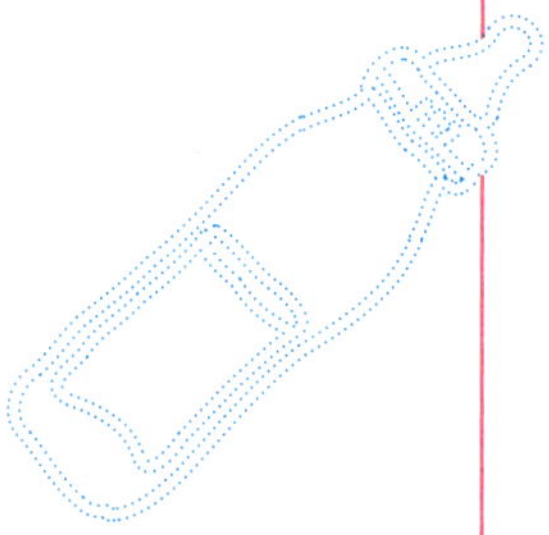

Le résultat ? Il a eu de bonnes coliques, nous avons eu quelques frousses en introduisant de nouveaux aliments, mais il n'a pas développé d'allergies alimentaires. Est-ce lié à la diète ou non ? Mon cœur me dit que oui, et je peux vous affirmer aussi que si j'avais un troisième enfant, j'agirais exactement de la même façon que pour Élliot.

Paradoxalement, je sais aussi qu'il se peut que tout cela ne soit qu'une coïncidence et, qu'avec ou sans diète, on ne peut savoir si le résultat aurait été le même. Il est tout aussi possible qu'il ait simplement eu un avantage génétique sur son grand frère...

Pour ajouter à la confusion concernant ces diètes, d'autres théories suggèrent que l'absence de contact avec les allergènes en bas âge peut *accroître* le risque de développer des allergies alimentaires parce que le corps ne peut s'y habituer suffisamment tôt...

Il sera intéressant de suivre les résultats des recherches à ce sujet car, en fait, il n'y a pas suffisamment de données qui sont disponibles à l'heure actuelle. Je me suis longtemps sentie coupable d'avoir mangé du beurre d'arachide pendant ma première grossesse. Mais je sais aujourd'hui qu'il faut à tout prix éviter ce genre d'attitude culpabilisante qui ne mène à rien.

Peut-être découvrira-t-on dans le futur, au bout de maintes remises en questions, qu'il faut effectivement manger le plus d'allergènes possible pendant la grossesse et l'allaitement et que c'est finalement à mon deuxième enfant que j'ai fait courir un plus grand risque de développer des allergies en faisant une diète d'exclusion... !

En fait, si je voulais résumer la somme d'informations que l'on peut trouver à ce sujet de la façon la plus rigoureuse possible, je dirais tout simplement : « On ne le sait pas. » Les recommandations quant aux diètes d'exclusion pour prévenir les allergies alimentaires sont variables et plutôt floues.

Le plus amusant, si l'on peut dire, c'est de constater qu'à l'Hôpital de Montréal pour enfants et à Sainte-Justine, on ne nous a pas dit la même chose. Sans entrer dans les détails, les philosophies par rapport à l'introduction des allergènes dans l'alimentation étaient différentes au moment où nous avons consulté les allergologues de ces deux hôpitaux.

Comment s'y retrouver? Impossible. Bien que la recherche semble avancer, les causes et les mécanismes des allergies sont encore méconnus et, en tant que parents, on doit se débattre quotidiennement dans une jungle de contradictions. Il faut se fier à notre instinct tout en s'assurant que l'on ne met pas notre santé ou celle de notre enfant en danger. Tout un défi.

Si mon petit Élliot n'a pas d'allergies, il connaît bien déjà, à 3 ans, le problème. Il adore le fromage, mais il sait que s'il en mange, il ne doit pas quitter la table avant que ses mains et sa bouche soient propres. Et, lorsque nous faisons l'épicerie, il passe le plus clair de son temps à nous demander: « Ça, est-ce que Charles-Antoine peut en manger? »

Il sait aussi que son frère est allergique aux chats, mais que de toute façon, ce n'est pas bien grave, parce que Charlot n'en mange pas...

La solidarité qui existe entre ces deux petits êtres est belle à voir.

Les délices de l'hôpital

Charles-Antoine avait 2 ans, c'était un soir de printemps, au moment où le pollen des arbres s'infiltre partout. Sa respiration, au fil de la journée, avait commencé à s'accélérer. Son cou se tendait de plus en plus et l'air qui entrait et sortait de ses poumons produisait un sifflement sinistre que nous ne pouvions ignorer.

Nous pensions que cela allait se calmer doucement pendant son sommeil, mais même lorsqu'il s'est endormi, sa respiration trop rapide produisait toujours un bruit anormal. Nous n'étions pas familiers avec l'asthme (il y a une première fois à tout) et nous avons un peu tardé avant d'aller consulter. La crise s'était aggravée.

Nous sommes allés à l'urgence en pleine nuit. Je me souviens qu'une vieille dame fumait une cigarette dans la salle d'attente pendant que mon fils avait de la difficulté à respirer. Heureusement, quand je me suis plainte, les gardiens de sécurité sont intervenus rapidement.

Après un bref examen et quelques traitements infructueux d'inhalothérapie, le médecin a rapidement décidé d'hospitaliser Charles-Antoine, jusqu'à ce que sa crise se calme. Je croyais naïvement que quelques coups de pompe de Ventolin suffisaient pour faire cesser une crise d'asthme.

Je n'étais donc pas du tout préparée à passer presque *une semaine entière* à l'hôpital, avant que la respiration de mon fils redevienne à peu près normale. Je vous parle de ce séjour, car il nous a permis de vivre des expériences culinaires bien particulières...

Vous conviendrez tout d'abord avec moi que la nourriture que l'on sert aux patients hospitalisés dans bon nombre d'établissements n'est vraiment pas ce qu'il y a de plus ragoûtant. Qui n'a jamais eu la nausée en voyant ces viandes douteuses qui baignent dans des jus difficilement identifiables, ces légumes congelés ramollis flirtant avec des purées pour bébés, ces agrégats de poisson blanc dispersés dans une sauce jaunâtre figée ou encore des pommes de terre en purée faites avec de la poudre et beaucoup trop d'eau...

Imaginez ensuite que, sur cette liste de délices, vous deviez retirer tous les aliments auxquels Charles-Antoine est allergique. Il y a de quoi devenir anorexique.

Nous avons, bien sûr, avisé tout le personnel des allergies de notre fils. Le premier soir, dans l'assiette de Charles-Antoine, il ne restait qu'une tranche de jambon tirant sur le gris, coupée en demi-lune, trônant toute seule au milieu d'une assiette blanche... Incrédules, nous avons même pris des photos de ce plat d'une laideur tout artistique...

De plus, cette tranche de jambon cuit était accompagnée d'un jus de fruits et... le croirez-vous ? D'un yogourt ! Pour un enfant allergique aux produits laitiers, il était difficile de choisir un dessert plus saugrenu !

Le pire, c'est qu'il était complètement impossible d'avoir accès aux ingrédients ou au mode de préparation du jambon. Mais comme nous savions que la plupart des saucisses ou des viandes froides contiennent des substances laitières, nous nous sommes abstenus de lui faire goûter cette tranche de viande fadasse...

Au fil des jours, malgré nos efforts et ceux du personnel, la situation ne s'est pas améliorée. Les plateaux se succédaient dans la chambre, provoquant à la fois notre hilarité et notre découragement. Même lorsqu'un aliment du plateau de Charles-Antoine pouvait sembler conforme à sa diète, il nous était impossible d'obtenir une liste d'ingrédients qui aurait pu nous le confirmer.

Impossible aussi de lui acheter quelque chose à grignoter à la cafétéria de l'hôpital. Pas un biscuit, pas une tranche de pain ni un muffin ne pouvait nous dépanner, parce qu'ils contenaient tous un allergène quelconque. De plus, il faut être extrêmement prudent en ce qui concerne les allergies alimentaires pendant une crise d'asthme : comme les voies respiratoires sont déjà obstruées, un choc anaphylactique peut être encore plus dangereux.

Nous retournions donc tous les jours à la maison pour préparer de la nourriture sécuritaire, saine et savoureuse afin que notre petit bonhomme puisse se remettre sur pied le plus rapidement possible.

Au bout de 6 jours, Charles-Antoine a eu son congé, mais quelques semaines ont été nécessaires pour qu'il se rétablisse vraiment. Depuis ce temps, nous utilisons des pompes pour maîtriser son asthme. Mais une chose est sûre : s'il avait eu à manger la nourriture de l'hôpital, il serait mort de faim... ou, plus probablement, d'une crise d'allergie.

Pour éviter des accidents, il serait grand temps que les départements de pédiatrie (et les autres) se munissent de règles strictes pour pouvoir nourrir convenablement les personnes allergiques. Cela donnerait également la possibilité aux parents de souffler un peu dans ces moments qui ne sont jamais faciles.

Avec un grand « A »

Lorsque Charlot avait 3 ½ ans, une place s'est libérée dans un Centre de la petite enfance (CPE). Au bout de deux ans d'attente, je crois que nous avions presque abandonné l'idée de l'y envoyer. Quelques mois auparavant, nous avions bien failli lui faire fréquenter une garderie en milieu familial, mais la présence de chats nous avait fait passer notre tour, à cause de son asthme.

La première question que nous avons posée à la responsable au téléphone concernait évidemment la gestion des allergies alimentaires. Nous ne savions pas à l'époque qu'il leur était interdit d'exclure un enfant sur la seule base de ses allergies.

– Il a beaucoup d'allergies alimentaires. Êtes-vous bien certains que vous pouvez recevoir notre enfant ?

– Bien sûr !

Même s'il nous fallait reprendre un rythme de travail plus soutenu, il y avait une petite partie de nous-mêmes qui espérait secrètement que le CPE le refuse... En effet, depuis quelques mois, nous avions réussi à créer une zone de confort dans nos habitudes de vie et cela parvenait à nous sécuriser. Et voilà qu'il fallait de nouveau repousser nos limites, en plaçant notre fils devant de nouveaux défis.

Lorsque nous avons raccroché le combiné, un gouffre d'inquiétude s'est ouvert sous nos pieds. Nous n'avions à peu près jamais fait garder Charles-Antoine, sauf par ses grands-parents...

* * *

Nous sommes allés rencontrer la directrice du CPE. Pour être certains de ne rien oublier, nous avions apporté une feuille contenant la liste de toutes les allergies de Charles-Antoine, La liste des synonymes des allergènes (voir p. 182) ainsi que les principales mesures à prendre en cas d'urgence.

Il faut dire qu'à la liste de ses allergies connues, qui était déjà fort complexe à gérer, s'ajoutait toute une gamme d'aliments « suspects », comme la mangue ou le céleri, dont les résultats des tests cutanés n'étaient ni complètement négatifs ni clairement positifs.

Et comme si tout cela n'était pas suffisant, d'autres aliments comme le sésame s'ajoutaient à la liste des aliments à exclure, simplement parce que nous ne les avions pas encore fait goûter une première fois à notre fils.

Honnêtement, si j'avais été responsable d'un CPE et que j'avais eu une telle liste entre les mains, je ne sais pas trop ce que j'aurais fait. Je crois que j'aurais paniqué. J'aurais eu l'impression d'avoir une véritable bombe à retardement sous ma responsabilité. D'ailleurs, c'est probablement le sentiment que la directrice a dû éprouver...

Car, même si Charles-Antoine était responsable, il était trop jeune à l'époque pour comprendre le véritable danger de ses allergies. Un simple morceau de biscuit échappé par un autre enfant et avalé en douce par Charles-Antoine aurait pu avoir des conséquences fâcheuses.

Devant cette liste de contraintes alimentaires surréaliste, nous avons rapidement convenu avec la directrice que nous fournirions le repas, même si c'était un peu contraire à la politique en vigueur. Ainsi, tout le monde pourrait dormir en ayant l'esprit plus tranquille, surtout la pauvre cuisinière du CPE !

* * *

Quand par la suite nous avons passé en revue avec une responsable les diverses procédures à suivre en cas d'urgence, nous avons compris qu'elle avait eu accès à des informations erronées...

Il lui avait été dit lors d'une formation que l'auto-injecteur d'adrénaline ne devait être administré que si l'enfant avait cessé de respirer. Bien sûr, cela est complètement faux. Il faut agir beaucoup plus vite. En cas de doute, il est toujours préférable de donner l'injection pour rien que de ne pas la donner du tout*.

Le lendemain, nous avons apporté de la documentation médicale pour confirmer nos dires auprès de la responsable. Une fois ce point éclairci, tout était en place pour un séjour très formateur, qui a permis à Charles-Antoine de sortir de sa bulle, de jouer, de se faire des amis, comme tous les autres petits garçons...

* À CE SUJET, VOUS POUVEZ CONSULTER LE SITE DE L'ASSOCIATION QUÉBÉCOISE DES ALLERGIES ALIMENTAIRES (WWW.AQAA.QC.CA) POUR CONNAÎTRE LES DERNIÈRES RECOMMANDATIONS DU MINISTÈRE DE LA SANTÉ CONCERNANT L'AUTO-INJECTEUR D'ÉPINÉPHRINE.

Par la suite, nous avons eu beaucoup de contacts avec les personnes qui travaillaient au CPE. Elles ont été de formidables alliées. Dès qu'une éducatrice avait une question par rapport aux allergies de Charles-Antoine, elle nous téléphonait. C'était très rassurant. La pâte à modeler utilisée comportait-elle des risques ? Le maquillage d'Halloween était-il exempt d'allergènes et sans danger pour l'eczéma de Charles-Antoine ? Pouvait-il faire des bricolages avec des cartons d'œufs recyclés ? Et avec des Froot Loops ?

Tout le personnel du CPE s'est montré incroyablement collaborateur. Je ne peux m'empêcher de penser que tous devaient être nerveux en accueillant notre petit bonhomme... Mais les éducatrices ont relevé le défi avec brio, car aucun incident n'est survenu pendant tout le temps où il a fréquenté le CPE.

Il n'empêche que les premières journées au CPE furent angoissantes pour nous. Chaque fois que le téléphone sonnait, nous redoutions une situation d'urgence. Charles-Antoine, lui, semblait au contraire beaucoup se plaire dans son nouvel environnement, avec de nouveaux amis et de nouveaux jouets.

Au-delà du « cas » médical, Charlot était un petit bonhomme attachant, enjoué et avide de faire de nouvelles découvertes. Ses éducatrices ont toujours fait de grands efforts pour assurer à la fois sa sécurité et son intégration. Je ne peux m'empêcher de penser que tous les enfants allergiques n'ont pas nécessairement la chance de tomber sur du personnel aussi bien attentionné.

À la garderie, le grand appétit de Charles-Antoine défiait toute logique. Les éducatrices n'en revenaient pas de voir un aussi petit bonhomme manger autant ! Il prenait un grand plaisir à dévorer les repas que nous lui préparions. Les odeurs de pesto maison et de currys qui embaumaient le CPE faisaient l'envie de plusieurs éducatrices. Peut-être est-ce idiot, mais j'éprouvais une certaine fierté à ce que ses repas, préparés avec tant de contraintes, fassent l'envie de tous.

Par contre, les périodes de repas pouvaient donner lieu à des moments troublants. Pour bien identifier les enfants allergiques, on leur mettait un bavoir où l'on voyait un grand « A » rouge. Je comprends bien les raisons qui poussent les gens du

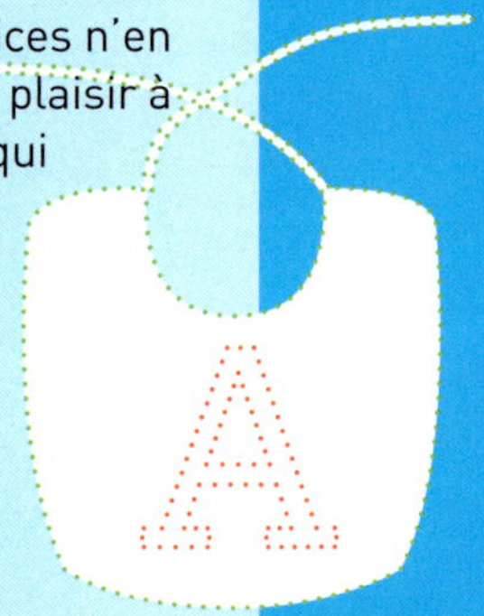

CPE à prendre de telles précautions. À cause du roulement de personnel, des remplaçantes et des moments de distractions possibles, il est probablement essentiel d'identifier aussi clairement les enfants allergiques.

Mais, pour moi, pour mon cœur de mère, ce grand « A » rouge était comme un stigmate. La marque indélébile que mon enfant serait toujours à part… surtout au moment du repas.

De plus, Charles-Antoine mangeait toujours sur une table différente, à quelques pieds de ses amis, pour éviter, par exemple, que les petits doigts pleins de fromage d'un ami ne viennent toucher à sa nourriture ou à ses ustensiles. Où qu'un verre de lait renversé ne coule sur lui… Ce n'est pas une vision agréable pour un parent, mais il est difficile pour une éducatrice de surveiller aussi étroitement 8 enfants de 3 ans qui sont en train de manger.

Je me souviens aussi d'un après-midi où j'ai retrouvé Charles-Antoine en larmes parce que tous ses amis mangeaient de la fondue au chocolat… D'habitude, on nous prévenait quand on servait un plat particulier ou qu'on faisait une activité liée à la nourriture, comme ce fut le cas pour le repas de pâtes à la sauce rosée de la Saint-Valentin. Mais pas cette fois-là, le personnel avait décidé de faire de la fondue sous l'inspiration du moment.

La vie étant ce qu'elle est, on ne peut tout prévoir et on ne peut empêcher toute spontanéité parce qu'il y a un enfant allergique dans un groupe… Il faut donc apprendre à composer avec ces situations.

Le soir même, nous avons inventé une recette de fondue au chocolat, pour que Charles-Antoine puisse, lui aussi, profiter de ce délice. En trempant un gros morceau de pomme dans une onctueuse sauce au chocolat, notre fils a rapidement retrouvé le sourire !

Et nous aussi.

Le mur

Je ne pense pas que tous les allergènes devraient être abolis des écoles et des garderies. Aujourd'hui, ce sont les arachides et les noix, demain, le sésame, les poissons, le lait, les œufs, la moutarde, les protéines bovines et toutes les autres choses étonnantes auxquelles un enfant peut être allergique… Où cela s'arrêtera-t-il ? On peut être allergique pratiquement à tout !

Avez-vous déjà vu, dans une garderie ou dans une école, le mur « décoré » avec les photos des enfants allergiques et asthmatiques ? Je trouve que cette image ressemble à une prise de vue angoissante provenant directement d'un film de science-fiction. Qu'arrive-t-il à nos enfants pour qu'ils soient à ce point fragiles devant le monde qui les entoure ? Y a-t-il des questions que nous devrions nous poser en tant que société ?

Je pense aussi aux parents dont les enfants n'ont pas d'allergies et pour qui préparer les collations devient un véritable casse-tête. De quoi détester ces petits empêcheurs de manger du beurre d'arachide…

Je crois qu'une des solutions pour offrir un maximum de sécurité à nos enfants passe d'abord par l'éducation des parents et des enfants. La première chose qu'il faut faire comprendre à tout le monde, c'est le danger que représentent les allergies alimentaires. Trop de gens croient encore que seules les allergies aux arachides et aux noix représentent un danger mortel…

Il faut aussi que de bonnes pratiques d'hygiène soient adoptées à l'école, comme le lavage des mains avant *et après* les repas. Ce n'est pas tellement compliqué et cela peut éviter bien des problèmes à des enfants particulièrement sensibles.

Il faut comprendre aussi que l'interdiction des arachides à l'école et à la garderie est peut-être une bonne idée, mais qu'elle a aussi ses limites. Je me souviendrai toujours d'une fois où je me suis fait réprimander à la garderie parce que Charles-Antoine avait apporté une collation qui pouvait contenir des traces d'arachides (à l'époque, il n'y était pas allergique).

Imaginez l'absurdité de la situation : Charles-Antoine mangeait toujours à l'écart, isolé (son repas ne pouvait donc pas entrer en contact avec celui d'aucun autre enfant) et tous les autres mangeaient continuellement de la nourriture qui pouvait être mortelle pour lui. Il n'avait pas le droit d'apporter un aliment contenant d'éventuelles traces d'arachide mais, à l'inverse, il mangeait chaque jour dans un environnement extrêmement dangereux.

J'y ai vu un clin d'œil de la vie concernant une situation que personne ne peut bien contrôler...

Aujourd'hui, j'en suis bien heureuse, Charles-Antoine va à l'école et mange à la même table que ses amis. En vieillissant, ceux-ci deviennent de précieux alliés. Ceux qui mangent, par exemple, des sandwichs aux œufs, savent maintenant d'emblée qu'ils doivent être prudents et ne pas s'asseoir trop près de Charles-Antoine pendant le repas.

Bien qu'on ne doive pas leur faire aveuglément confiance, les enfants comprennent rapidement les implications des allergies alimentaires, si on prend le temps de bien leur expliquer, évidemment !

Les restaurants ? Les voyages ?

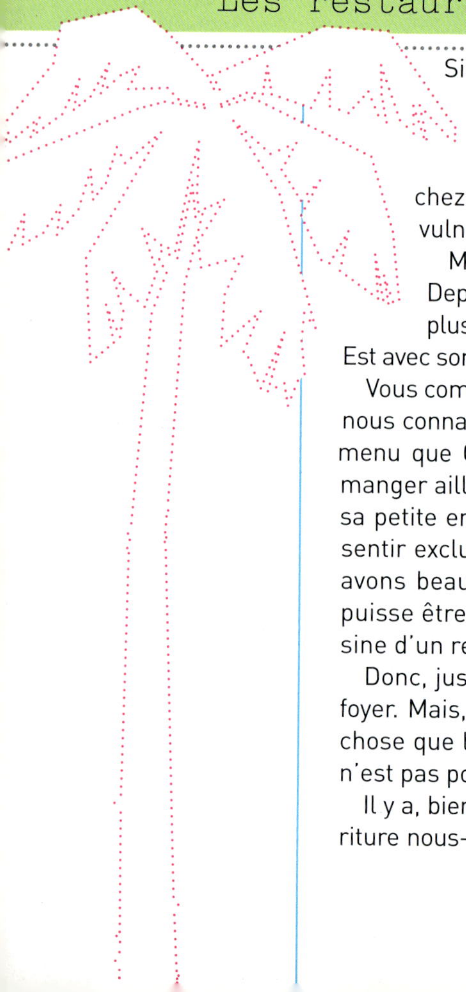

Si à la maison nous sommes arrivés, à force de recherches et de travail, à avoir une certaine quiétude d'esprit, voyager reste l'ultime défi d'une famille qui doit composer avec des allergies alimentaires.

Doit-on rester cloîtrés dans notre petite sécurité ou est-il possible de sortir de chez soi ? Voyager, est-ce de la folie pure dans un contexte où notre enfant est aussi vulnérable ? La réponse est simple : oui.

Mais... Il y a un « mais ». Charles-Antoine rêvait depuis des années d'aller voir la mer. Depuis sa naissance, nous n'avons couché à l'extérieur que deux ou trois fois et jamais plus d'une nuit. Jean-Sébastien a déjà visité la Russie, Haïti, fait le tour de l'Asie du Sud-Est avec son sac à dos, et moi, sans être aussi téméraire, je rêve aussi de voir le monde...

Vous comprendrez que nous sommes bien loin de tout cela. Il n'y a que deux restaurants que nous connaissons, vous avez bien lu, *deux restaurants,* qui offrent chacun un seul repas à leur menu que Charles-Antoine peut commander (presque) sans danger. Si nous voulons aller manger ailleurs, nous devons généralement apporter son lunch au restaurant. Mais si, dans sa petite enfance, il ne semblait pas s'en formaliser, à 6 ans, il commence forcément à se sentir exclu lorsque tout le monde a droit à un magnifique repas savoureux et coloré. Nous avons beau faire tous les efforts du monde, mais un repas maison, aussi délicieux qu'il puisse être, reste bien ordinaire comparativement à celui qui arrive directement de la cuisine d'un restaurant...

Donc, jusqu'à tout récemment, nous avons cru qu'il n'y avait point de salut hors de notre foyer. Mais, comment dire, il était inconcevable de ne pas faire découvrir à notre fils autre chose que les murs de sa chambre. Si faire le tour de l'Europe en trimballant un sac à dos n'est pas possible pour nous, existe-t-il d'autres avenues ?

Il y a, bien sûr, la possibilité de louer un chalet ou un appartement et de faire toute la nourriture nous-mêmes. Cette solution a beaucoup d'avantages, mais elle comporte aussi un grand inconvénient : elle ne nous permet pas de nous reposer ! Nous faisons les repas 365 jours par année... Est-ce possible, pour les parents d'enfants allergiques, de prendre une *véritable* pause ?

Récemment, nous sommes allés passer 3 jours à Tadoussac, pour voir les baleines. Le personnel de l'hôtel nous avait assuré que notre fils pourrait manger en toute sécurité. Comme nous avions téléphoné à plusieurs autres établissements qui semblaient extrêmement mal à l'aise à l'idée de nous accueillir, cette réponse nous avait réellement surpris.

Nous avons réfléchi à la question pendant plusieurs jours. N'était-ce qu'une façon de nous vendre un séjour ? Une fois arrivés à destination, loin de notre maison, qu'est-ce qui nous assurait que ces gens tiendraient parole ? Rien.

Nous avons tout de même décidé de plonger. Sans filet. Ou presque ! Au pire, il devait bien y avoir une épicerie à Tadoussac...

Lorsque nous sommes arrivés, nous nous sommes rendu compte qu'un courriel avait déjà été envoyé à tous les membres du personnel de l'hôtel, pour les prévenir qu'un petit garçon qui avait des allergies alimentaires allait arriver. Le courriel mentionnait aussi, semble-t-il, la liste complète de ses allergies. J'ai eu les larmes aux yeux lorsque la réceptionniste de l'hôtel nous a communiqué cette procédure.

Nous pouvions apparemment aller manger dans n'importe lequel des quatre restaurants de l'hôtel et nous n'avions qu'à mentionner notre nom pour que le chef prépare un plat spécialement pour notre fils.

Nous avions de la difficulté à le croire, d'autant plus que le soir même nous allions manger dans un restaurant de type buffet, une formule qui est à proscrire complètement pour toute personne qui souffre d'allergies alimentaires, à cause des risques trop élevés de contamination croisée.

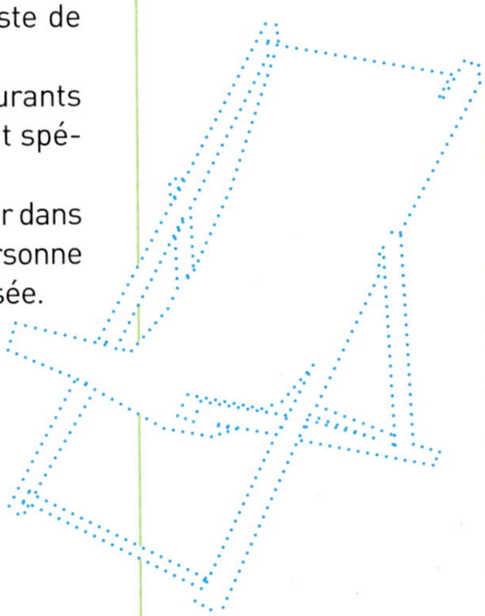

À notre grande surprise, dès que nous nous sommes assis au restaurant, le chef s'est présenté à notre table et il a demandé à Charles-Antoine :

– Tu voudrais manger quoi, de la viande ou du poisson ?

– De la viande.

– Du bœuf ou du poulet ?

Charles-Antoine a fait une pause pour réfléchir et il lui a répondu :

– Du canard !

Du canard ! Je ne crois pas que le chef s'attendait à ce genre de demande... Amusé par la réponse, et même si le canard ne figurait pas au menu, il nous a dit qu'il tenterait de faire un petit miracle pour lui.

Quelques instants plus tard, un splendide magret de canard est arrivé sur la table, avec du riz et des légumes... Nous étions toujours un peu nerveux à l'idée de laisser manger Charles-Antoine, mais devant la bienveillance du chef, nous avons regardé fiston entamer son repas et... tout s'est bien déroulé !

Pour notre part, nous avons eu droit au buffet, qui était tout à fait convenable, certes... mais pas aussi délicieux que le magret de canard cuisiné spécialement pour notre fils !

J'ai vu ses yeux lorsque nous nous battions pour manger les quelques morceaux de viande qui restaient dans son assiette, après qu'il eut fini de manger. Pour une fois, il avait eu droit au meilleur repas. Et il en était fier.

Lorsque nous sommes retournés à notre chambre, il a rapidement mis son pyjama et il a tenu, de sa propre initiative, à redescendre à la cuisine pour aller remercier personnellement le chef.

Je crois que de voir ce frêle petit bonhomme, dans son pyjama de dinosaure à manches courtes, revenir le voir pour le remercier, a fait plus pour la cause des allergies alimentaires que bien des discours.

Je ne vous le cache pas : c'était à mon tour d'être fière de mon fils.

* * *

Tout cela est bien risqué, me direz-vous. Oui. Nous en sommes conscients, et ce, même si nous avons validé tous les ingrédients et toutes les procédures utilisées en cuisine. Mais, en même temps, si toutes les personnes qui ont des allergies alimentaires restent cloîtrées chez elles, les restaurants et les hôtels n'arriveront jamais à s'adapter à ce type de clientèle.

Il y a toujours quelque chose qui peut être fait en cuisine pour les personnes allergiques. C'est une question de bonne volonté et, surtout, d'éducation. Pour limiter les risques au minimum, il faut agir avec une extrême prudence, se fier à notre instinct et ne pas avoir peur de poser des questions. N'hésitez pas à demander à parler au chef, vous n'aurez pas meilleur allié dans la cuisine.

Et surtout, n'arrivez pas à l'improviste dans un restaurant. Il est toujours préférable de téléphoner avant de vous présenter pour vous assurer qu'il est bel et bien possible que le chef puisse vous cuisiner un plat sécuritaire pour vous. Dans certains établissements, on nous a déjà dit d'éviter les samedis ou les soirs trop achalandés. Évidemment, la planification et une bonne communication sont nécessaires pour limiter les risques.

À ce sujet, il serait bien pratique qu'il existe, pour les personnes allergiques, une certification en restauration qui assurerait à la clientèle que *tout le personnel d'un établissement est formé convenablement pour gérer les allergies alimentaires*. Bien sûr, le risque zéro n'existe pas, mais il serait rassurant de pouvoir se fier à quelque chose de concret lorsqu'il s'agit de manger au restaurant.

J'ai reçu, au fil des ans, beaucoup de témoignages de parents allergiques pour qui l'expérience ultime fut d'aller à Walt Disney. Les allergies alimentaires y sont, apparemment, traitées avec beaucoup de rigueur. Tous les restaurants du site sont immédiatement mis au courant des restrictions alimentaires de chacun.

Nous caressons le rêve de pouvoir y aller un jour, par pur intérêt scientifique, bien sûr !

Moi aussi, je veux du gâteau !

C'était le jour du quarantième anniversaire de mon beau-frère Simon. Tout le monde était au bord de la piscine et nous profitions d'une belle fin de journée du mois d'août.

Comme d'habitude, nous avions apporté un lunch pour Charles-Antoine. Nous jetions un coup d'œil sur les autres enfants qui pigeaient dans les croustilles au fromage pour ne pas qu'ils touchent à notre fils, car le moindre contact avec des produits laitiers lui donnait encore et toujours de l'urticaire. La routine, quoi...

La vie étant ce qu'elle est, cette fois, nous n'avions pas eu le temps de faire un gâteau pour Charles-Antoine. Dans un monde parfait, cela n'aurait pas dû arriver, mais il est parfois difficile de tout planifier et nous sommes arrivés à cet anniversaire sans dessert à offrir à Charlot.

Pour lui épargner une situation délicate, nous avions prévu quitter la fête juste avant l'arrivée du gâteau du quarantième anniversaire.

Encore une fois, la vie étant ce qu'elle est, cette soirée était fort agréable. Les enfants jouaient, nous profitions d'un peu de bon temps... Et nous avons légèrement étiré notre visite.

Il commençait tout juste à faire sombre, nous nous préparions à quitter la fête, lorsque soudain nous avons entendu la fatidique chanson : « Mon cher Simon, c'est à ton tour... » Et nous avons tout de suite vu le gâteau faire son entrée triomphale, devant une foule d'invités enthousiastes. Il était trop tard.

La chanson s'est terminée. Tout le monde a applaudi. Simon a soufflé ses 40 bougies d'un seul coup. Une petite fille s'est écriée « Maman ! Je veux du gâteau ! Je veux du gâteau ! »

Charles-Antoine a aussitôt ajouté : « Moi aussi, j'en veux, moi aussi ! »

Il y a eu un silence. Quelques convives mal à l'aise comprenaient bien la situation à la seule vue de notre regard embarrassé.

J'ai regardé mon fils dans les yeux. Je sais qu'il craignait ma réponse. Au bout d'un moment d'explications confuses, j'ai dû me résoudre à lui dire qu'il ne pourrait pas manger de ce magnifique gâteau.

Il y a eu un autre silence pendant qu'il me dévisageait, incrédule. Et moi, je n'avais rien à lui offrir qui pourrait remplacer un bon morceau de gâteau. Je n'ai pas osé lui proposer une pomme ou un jus de fruits, car je savais pertinemment que cela ne donnerait rien.

Charles-Antoine a hurlé et il a éclaté en sanglots. Il faut comprendre que ce n'était pas qu'un gâteau qu'il ne pouvait pas manger, c'était toute sa différence qui venait de le heurter en plein visage. Et ça lui faisait mal.

Jean-Sébastien est allé le consoler. Moi, je n'en pouvais plus. Je suis entrée dans la maison pour pleurer. Encore une fois, ce n'était pas que le gâteau, c'était un trop-plein de plusieurs années d'émotions qui ressortaient à ce moment...

Pourquoi n'étions-nous pas partis avant ? Pourquoi n'avions-nous pas pris le temps de préparer un dessert ? Il y a toujours moyen de s'organiser. Pourquoi ne l'avions-nous pas fait ?

Puis j'ai senti que quelqu'un venait me consoler. J'ai tout de suite pensé que c'était Jean-Sébastien, mais il était encore en train de calmer notre petit. Non, c'était Simon qui avait vu ce qui s'était passé.

À la fois urgentologue et homme d'affaires, il avait été témoin, au fil des ans, de toute notre histoire avec Charles-Antoine, et il nous offrait chaque fois soutien et compassion.

Trop bouleversé, il avait laissé en plan ses convives et son gâteau. Il avait, lui aussi, les larmes aux yeux. C'est alors qu'il m'a dit : « Ç'a pas d'allure. Il faut faire quelque chose... Mais quoi ? »

C'est à ce moment précis que l'idée de créer une gamme de produits pour les personnes allergiques a commencé à germer dans ma tête.

Le rêve dans le sous-sol

Après ce repas d'anniversaire, je suis entrée dans un état second. Je me suis mise à rédiger compulsivement un long document, en quelques jours à peine, sur la pertinence de fonder une entreprise qui offrirait des desserts sans danger aux personnes allergiques. Je me souviens que j'ai passé des nuits entières, complètement absorbée par mon ambitieux projet.

Lorsque j'y repense, il s'agissait d'un rêve presque impossible… J'avais commencé à jeter les bases de cette entreprise, dans une pièce du sous-sol transformée en bureau de fortune, avec comme seules armes un téléphone et un accès Internet. Le pari était pour le moins risqué.

Pourtant, je sentais que j'avais un atout unique pour mettre cette entreprise sur pied, quelque chose qui ne s'achète pas : une expérience de vie.

Jean-Sébastien et moi avons réhypothéqué notre maison, ce fut une partie de la mise de fonds pour commencer à échafauder notre projet. Simon, mon beau-frère, a tenu la promesse qu'il nous avait faite le jour de son quarantième anniversaire : il a accepté d'investir, avec la sœur de Jean-Sébastien, dans le démarrage de l'entreprise. Mes parents aussi ont pu nous donner un bon coup de main… Cet élan de solidarité m'avait fait chaud au cœur.

Il y a des moments comme ceux-ci, où on décide de jouer le tout pour le tout. Je pressentais fortement qu'il y avait un réel besoin pour ce type de produits, car je savais que je n'étais pas la seule à passer mon temps à cuisiner des pâtisseries pour mon enfant allergique.

Ma future entreprise allait aussi avoir une mission bien particulière, que je n'aurais pu mettre en mots à ce moment, mais qui me servait inconsciemment de moteur, c'était de briser notre isolement. Le nôtre et celui d'une foule d'autres parents qui devaient vivre une aventure semblable à celle de notre famille.

Lorsque j'ai demandé à Jean-Sébastien de m'aider à trouver un nom pour cette entreprise, il est descendu au sous-sol pour réfléchir. Il est remonté presque aussitôt, il arborait le petit sourire en coin du premier de classe que je lui connaissais bien…

Il avait trouvé le nom, je le savais simplement à regarder ses yeux. Lorsqu'il m'a dit « Les aliments Ange-Gardien », j'ai tout de suite su que l'idée était parfaite. J'ai vite compris le sens véritable de ce nom : les personnes allergiques ont effectivement besoin de pouvoir compter sur une sorte d'ange gardien qui veille à la sécurité de ce qu'ils mangent. Difficile de dire à quel point cette trouvaille m'avait donné des ailes pour continuer à échafauder ce projet.

J'ai toujours voulu représenter cette entreprise de façon joyeuse et colorée, tout le contraire de ce qu'inspirent les allergies alimentaires. J'ai dessiné moi-même la petite pâtissière qui fait maintenant partie du logo de l'entreprise. Le projet prenait forme. Je commençais même à y croire, pour vrai.

Les aliments
Ange-Gardien

Je me suis acheté un gros malaxeur pour élaborer des recettes à la maison. Certaines furent des délices instantanés, d'autres ont fait la joie de ratons laveurs qui sont vite devenus des habitués de nos poubelles…

Pour cuisiner des gâteaux sans produits laitiers et sans œufs, il fallait carrément réinventer la façon de faire de la pâtisserie. Toutes les recettes traditionnelles devaient être considérablement modifiées ou mises au rancart.

Et ce qui était le plus important pour moi dans l'élaboration des recettes, c'était que mes desserts devaient être « cochons ». Cela peut paraître simpliste comme raisonnement, mais je voulais que les personnes allergiques puissent partager leur dessert avec ceux qui n'ont pas d'allergies alimentaires, sans que ces derniers se sentent lésés.

Pour Charles-Antoine, par exemple, le fait qu'il puisse un jour manger son dessert avec d'autres personnes qui s'en délectent aussi, cela n'avait pas de prix.

Après plusieurs mois de travail, j'ai commencé à appeler une foule de fournisseurs. Certains furent incroyablement gentils et collaborateurs. D'autres, qui voyaient mon inexpérience, ne me prenaient pas au sérieux ou tentaient carrément de prendre avantage de moi. J'ai appris beaucoup de choses sur l'espèce humaine en commençant à créer cette entreprise. Et... pour une femme, dans un monde d'hommes, il est toujours plus difficile de faire sa place.

Curieusement, je me suis rapidement sentie bien dans mon nouveau rôle de dirigeante. J'étais habitée par une force que je ne me connaissais pas. De ma vie, je ne crois pas avoir fait un pareil saut dans le vide. C'était à la fois grisant et complètement angoissant.

Lorsque je me suis sentie prête à passer à l'étape de la commercialisation de mes produits, j'ai loué un petit local tout gris. Un de mes premiers réflexes a été de repeindre les murs de couleurs vives avant de nous y installer. Après tout, c'est du *bonheur* que je voulais apporter aux personnes allergiques. Il fallait un environnement approprié pour pouvoir travailler dans la joie.

Jean-Sébastien s'est occupé de l'aspect visuel et artistique des aliments Ange-Gardien : il a fait les étiquettes des gâteaux, les photos des produits, les publicités, jusqu'à l'élaboration complète du site Internet de l'entreprise. Simon, lui, s'est avéré un excellent partenaire dans cette aventure. Il me servait aussi de *coach*. Il m'aidait à m'orienter et à me débattre dans un univers de chiffres dans lequel j'apprenais à naviguer. Sans eux, je n'y serais jamais arrivée.

De mon côté, j'étais occupée jour et nuit par ce projet. Au bout de quelques mois de ce régime, je crois que j'avais perdu une dizaine de kilos... à travailler en pâtisserie !

Nous avions peu de moyens, mais beaucoup de cœur. Dès la première semaine, nous avons livré nos produits dans une quinzaine de points de vente, le 30 mars 2007. Depuis, le nombre de clients n'a cessé d'augmenter et la nouvelle de notre existence s'est répandue comme une traînée de poudre.

Je ne me doutais pas non plus que tout irait aussi vite. Rapidement, nous avons dû prendre possession du local adjacent, faire des travaux, engager du nouveau personnel... Le travail que cela demandait était énorme et extrêmement exigeant, mais nous savions que nous étions en train de faire le bonheur d'une foule d'enfants et de parents qui vivaient des situations similaires à la nôtre.

Deux ans plus tard, nos gâteaux, biscuits et muffins sont offerts un peu partout au Québec, en Ontario et au Nouveau-Brunswick. Grâce à notre travail acharné, nous pouvons maintenant, comme bien d'autres personnes allergiques, acheter un dessert ou une collation sans danger partout où nous allons ! Nous recevons chaque jour des témoignages bouleversants de gens pour qui la possibilité de manger l'un de nos desserts en toute confiance fait vraiment une différence dans leur vie.

Nous n'étions donc pas les seuls à devoir composer avec des allergies alimentaires et nous constations chaque jour que cette entreprise répondait vraiment à un besoin de plus en plus criant.

La première fois...

Un jour, une dame d'une trentaine d'années qui s'occupait de l'approvisionnement de la cafétéria d'une grande entreprise est venue, avec deux de ses collègues, visiter l'usine et goûter à nos produits. Ils étaient incroyablement gentils et ils s'intéressaient à l'histoire de mon entreprise que je leur racontais avec passion, à mesure que nous nous promenions dans l'aire de production.

Après la visite, je leur ai servi de généreuses portions de notre gâteau au chocolat. Ses collègues mangeaient leur morceau de gâteau avec enthousiasme, mais je voyais que la dame hésitait à en prendre une bouchée. Je ne comprenais pas pourquoi.

Je savais qu'elle avait elle-même des allergies alimentaires et je l'assurais que le gâteau était sans danger, que nous suivions un protocole très strict et que nous faisions même des analyses en laboratoire pour s'assurer de l'absence de traces d'allergènes.

Elle me regardait un peu étrangement, comme si elle n'arrivait pas à assimiler parfaitement tout ce que je lui disais. Elle fixait sa petite assiette d'un air étrange. J'étais embarrassée de la voir hésiter de la sorte.

Lorsque je lui ai demandé pourquoi elle ne commençait pas à manger, elle m'a répondu avec émotion :

– Vous vous souvenez de la première fois où vous avez mangé du gâteau ?

Bien entendu, nous avons tous répondu par la négative. Pour la plupart d'entre nous, cela remontait probablement à notre premier anniversaire de naissance.

Il y eut un silence, alors qu'elle détachait lentement une bouchée de gâteau avec sa fourchette. Elle avait les larmes aux yeux.

– Eh bien, pour moi, la première fois, c'est maintenant.

Nous avons tous eu le souffle coupé. Elle avait été privée de dessert toute sa vie à cause de ses allergies alimentaires. Plus de 30 ans sans manger de gâteau ! De grosses larmes ont roulé sur ses joues, alors qu'elle avalait doucement sa première bouchée.

Elle a terminé son gâteau au chocolat avec un tel bonheur que nous avons tous eu du mal à contenir nos émotions. Nous étions vraiment bouleversés.

Lorsque je vis des moments plus difficiles, je repense à cette femme et à toutes les histoires semblables à celle-ci que j'ai entendues au fil du temps. Après toutes les épreuves que nous avons traversées et que nous traversons toujours, je ne peux vous dire à quel point de tels témoignages me remplissent de joie...

À votre tour, maintenant !

Voilà. Maintenant que vous connaissez notre histoire, nous vous passons en quelque sorte le flambeau pour la suite de ce livre, composé de plus d'une centaine de recettes.

Avec les allergies alimentaires de mon fils, j'ai vraiment l'impression d'avoir fait un long voyage. J'ai toujours les mêmes inquiétudes, mais j'ai réussi, en même temps, à commencer à les apprivoiser.

Je sais qu'il nous reste encore beaucoup de chemin à parcourir, et je me surprends encore à espérer la disparition des allergies de Charles-Antoine. C'est lui qui devra apprendre à composer avec ce problème lorsque nous ne pourrons plus le faire pour lui. Mais déjà, je sais que tout cela a forgé son caractère d'une façon extraordinaire. Je suis sûre qu'il réussira à surmonter les obstacles qui se dresseront sur son chemin.

Ce qui me fait le plus plaisir, c'est de voir que petit à petit, notre grand garçon se construit une identité forte qui va bien au-delà de ses allergies alimentaires. Depuis toujours, il est fasciné par les planètes et le système solaire. Il aimerait bien devenir astronome pour pouvoir regarder les étoiles dans un immense télescope. Il connaît le nom et les caractéristiques de toutes les planètes du système solaire... Il embrasse la vie avec une intensité qui est belle à voir.

Déjà, il est devenu bien plus qu'une « personne allergique »...

Au fil de l'écriture de ce livre, nous avons compris à quel point notre alimentation est le reflet de ce que nous sommes, et ce, d'une façon encore plus profonde que nous aurions pu l'imaginer.

Nous vous invitons à cuisiner avec plaisir, à modifier toutes nos recettes si le cœur vous en dit... Mais faites-le toujours avec prudence et bon sens lorsque vous substituez un ingrédient à un autre, surtout lorsque le repas est destiné à une personne allergique.

Nous avons fait beaucoup de recherches et un nombre incalculable d'essais pendant la rédaction de ce livre. Nous avons tenté de réaliser des plats a priori impossibles à cuisiner sans les principaux allergènes et de les adapter.

Nous avons ainsi réussi à préparer des cannellonis sauce rosée, des vol-au-vent au poulet ou encore des émulsions de pommes de terre qui ressemblent beaucoup à de la mayonnaise.

Nous avons aussi repris plusieurs recettes de différentes cuisines traditionnelles que nous avons adaptées au goût du jour. Celles-ci pourraient faire partie de n'importe quel autre livre de recettes. Elles sont délicieuses et souvent très simples à préparer. Nous avons privilégié celles qui ne contenaient pas beaucoup d'ingrédients, elles sont plus simples à gérer pour les personnes allergiques. Nous avons également mis l'accent sur les aliments frais et peu transformés, bien meilleurs au goût et pour la santé.

Comme vous pourrez le constater, nous avons travaillé avec une grande ouverture sur la cuisine du monde. Beaucoup d'aliments nous sont défendus, nous avons donc tenté de découvrir d'autres saveurs et d'autres façons de préparer les plats.

Parfois, il vous faudra sans doute faire un petit détour à l'épicerie asiatique ou au magasin d'aliments naturels, mais ces saveurs moins familières que nous allons tenter de vous faire découvrir valent, à coup sûr, ce petit effort occasionnel.

Cuisiner est un plaisir. Il s'agit d'une perspective que l'on peut facilement perdre de vue lorsque nous avons des enfants allergiques. Aidez-les à surmonter la peur de la nourriture en les faisant participer à la préparation des repas.

Lorsque nous cuisinons en famille, mes deux garçons adorent mettre la main à la pâte... Et Charles-Antoine, surtout, aime bien goûter à tout... tout ce qui lui est permis, bien entendu !

Je vous souhaite de pouvoir déguster tout ce que la vie peut offrir de meilleur...

Bon appétit à vous tous... !

Recevoir une personne allergique

Voici quelques règles de base qui peuvent réduire les risques lorsque vous faites la cuisine pour une personne allergique.

* Avant de planifier votre repas, téléphonez à la personne qui a des allergies alimentaires pour vous informer de toutes ses allergies, ainsi que des précautions particulières à prendre. Cela peut éviter bien des désagréments au moment du repas. N'ayez pas peur de déranger : votre conversation vous confirmera que votre menu est sans danger et rassurera la personne allergique. Vous n'aurez pas de meilleur allié pour vous aider.

* Lavez-vous toujours soigneusement les mains avec de l'eau et du savon avant de commencer à cuisiner. Si vous venez de manger un aliment allergène, brossez-vous les dents.

* Lisez toujours toutes les étiquettes et les listes d'ingrédients jusqu'au bout. Consultez la Liste des synonymes des allergènes, au besoin (p. 182).

* N'utilisez que des ustensiles et des contenants propres. Une seule trace de l'allergène visé peut être fatale pour la personne allergique.

* Assurez-vous que vos comptoirs, votre évier et vos planches à découper sont nettoyés en profondeur. N'utilisez que des linges à vaisselle fraîchement lavés.

* Méfiez-vous de votre lavette si vous venez, par exemple, de laver une casserole qui contenait des allergènes.

* Ne cuisinez pas des aliments allergènes à proximité de ceux qui sont destinés à la personne allergique. Si vous devez absolument le faire, *rangez et placez* d'abord dans un endroit sûr tout ce qui sera offert à la personne allergique pour éviter les contaminations croisées accidentelles.

* Si vous envisagez de faire un repas où il y a plusieurs plats sur la table et que certains d'entre eux contiennent des allergènes, assurez-vous de servir la personne allergique en premier. De cette façon, il y aura moins de risques que le contenu des plats se mélange accidentellement.

* Il n'y a rien de plus agréable pour une personne allergique que de se sentir en sécurité et de savoir que l'ensemble du menu ne comporte aucun risque. Lorsque cela est possible, cet effort est toujours grandement apprécié !

Informations pratiques sur certains ingrédients

NOTE : LES INFORMATIONS CI-DESSOUS ÉTAIENT EXACTES AU MOMENT DE LA PUBLICATION DE CE LIVRE. ELLES NE REMPLACENT PAS UNE LECTURE APPROFONDIE DE CHACUNE DES ÉTIQUETTES DE CES PRODUITS ET CE, À CHACUN DE VOS ACHATS.

Brisures de chocolat : La plupart des chocolats contiennent des traces d'arachides, d'œufs, de noix et de produits laitiers. Il en existe cependant qui sont exempts de ces allergènes. Lisez bien les étiquettes.

Cacao : Plusieurs marques de cacao contiennent des traces de lait ou de produits laitiers. Nous avons déjà constaté qu'une marque de cacao mentionnait la présence de traces de produits laitiers sur ses contenants de grands formats et que cette mention n'apparaissait pas sur les contenants de petits formats. La raison ? Les deux formats ne sont pas produits dans les mêmes usines et seulement l'une d'entre elles est exempte de produits laitiers. Mais ne vous inquiétez pas : en général, à l'épicerie, il y a toujours une marque qui devrait convenir.

Épices, mélanges d'épices et assaisonnements : Ces mots ou ces expressions fourre-tout peuvent se transformer en cauchemar pour les personnes allergiques. Dès que ces mots apparaissent sur une étiquette, il faut s'en méfier et contacter le fabricant, pour tenter de savoir ce qu'ils cachent. Ils peuvent contenir du blé, de la moutarde ou d'autres allergènes.

Lait de coco : La noix de coco, malgré son nom, n'est pas une noix mais un fruit. On peut donc généralement en servir à une personne allergique aux noix. Cependant, l'allergie à la noix de coco existe, mais elle est plus rare. Il ne faut jamais hésiter à s'informer auprès de la personne à qui le repas est destiné. Il est aussi à noter que le lait de coco peut contenir des sulfites.

Margarine sans produits laitiers : La plupart des margarines contiennent des produits laitiers. N'oubliez pas que ceux-ci peuvent avoir diverses appellations (voir la Liste des synonymes des allergènes, p. 182). Quelques entreprises, par contre, produisent des margarines sans produits laitiers, mais il faut savoir que celles-ci contiennent du soya et parfois même de l'huile de poisson. C'est le cas de la margarine Nuvel, que nous utilisons fréquemment. Il faut cependant être prudent, car certaines margarines dites de soya contiennent des produits laitiers.

Pain : Le pain industriel contient la plupart du temps des traces d'allergènes. Il faut donc agir avec prudence et bien lire les mises en garde, à chacun de vos achats. Les pains de confection artisanale sont malheureusement à éviter. Les risques de contamination croisée avec des noix, des arachides, des produits laitiers ou des œufs sont trop importants.

Pâtes alimentaires : La plupart des pâtes sont exemptes de traces d'œufs, mais quelques-unes en contiennent. Il faut donc choisir une marque qui n'en contient pas. Il faut malheureusement éviter les pâtes fraîches, car celles-ci contiennent toutes des œufs.

Poivre, levure chimique (poudre à pâte), paprika, poudre de chili : Ces produits peuvent contenir du blé ou d'autres allergènes. Vérifiez toujours l'étiquette.

Poudre de cari : Attention aux allergies à la moutarde, ce n'est pas une allergie commune, mais elle est souvent très sévère. Beaucoup de poudres de cari en contiennent. La poudre de cari peut aussi contenir du blé. Lisez toujours bien les étiquettes.

Préparation crémeuse de soya : Il s'agit d'un ingrédient incontournable lorsque l'on est intolérant au lactose ou allergique au lait. Cette préparation à base de soya a véritablement la texture, le goût et l'apparence de la crème. Dans la plupart des recettes, il est bien difficile de remarquer la substitution. On peut trouver ce produit, fabriqué par Belsoy, à l'épicerie ou dans les magasins de produits naturels.

Prosciutto et viandes froides : Le prosciutto est l'une des seules viandes froides à ne contenir généralement que trois ingrédients : « porc, eau, sel ». C'est pourquoi j'aime les recettes dans lesquelles on peut l'utiliser. Par contre, si le prosciutto n'est pas déjà tranché et emballé sous vide, vous courez le risque que la trancheuse de votre boucher soit contaminée par différents allergènes. Saviez-vous, par exemple, que la plupart des viandes froides contiennent des substances laitières ?

Sauce soya : La sauce soya contient habituellement du blé. Il existe sur le marché de la sauce soya sans gluten.

Sauce Worcestershire : Elle contient des anchois. Attention aux allergies à ce poisson.

Sauces du commerce : Elles peuvent contenir du blé, de la moutarde, des sulfites ou d'autres allergènes. Vérifiez toujours l'étiquette.

Sirop d'érable : Beaucoup de sirops d'érable contiennent des traces d'œufs et/ou de produits laitiers, sans que cela soit mentionné sur l'étiquette. Il est impératif de communiquer avec le fabricant pour connaître sa politique de gestion des allergènes, s'il en a une.

Substitut d'œufs : Il s'agit d'une poudre faite principalement avec de la fécule de maïs et de la fécule de pomme de terre. Ce substitut peut remplacer les œufs dans beaucoup de recettes. Nous employons les marques Kingsmill ou Pane Riso, que l'on peut généralement trouver dans les magasins d'aliments naturels.

Sucre à glacer : Le sucre à glacer contient du maïs. Attention aux allergies à cet aliment.

Vin : Lors du processus de collage, le vin peut être en contact avec des produits à base d'œuf, de caséine ou même de poisson, *qui ne sont pas mentionnés sur l'étiquette*. Il peut aussi contenir des sulfites.

Vinaigres, câpres, olives et jus de citron en bocaux : Ces aliments peuvent contenir des sulfites. Il est plus facile de les éviter en utilisant des produits biologiques. Vérifiez toujours l'étiquette.

AVERTISSEMENT • AVERTISSEMENT • AVERTISSEMENT

Les recettes et les conseils contenus dans ce livre n'ont pour but que de vous orienter lorsque vous préparez des plats particulièrement conçus pour des personnes allergiques.

Ce livre ne peut remplacer l'avis de votre allergologue, ni une bonne connaissance de l'allergie avec laquelle vous devez composer.

Vinaigre
Balsamique

Entrées

Salade de betteraves colorée

4 PORTIONS

3 ou 4 betteraves rouges
3 ou 4 betteraves jaunes ou d'autres betteraves rouges
3 c. à soupe d'huile d'olive
1 c. à soupe de vinaigre de vin rouge
3 oignons verts (échalotes) coupés en petites rondelles
Persil ciselé
Sel et poivre noir fraîchement moulu, au goût
Feuilles de laitue pour servir (facultatif)

- Pour cuire les betteraves : les laver, puis les envelopper dans du papier d'aluminium. Les mettre ensuite au four à 200 °C (400 °F) pendant environ 1 h 15.
- Quand les betteraves sont cuites et refroidies, retirer la peau, elle est alors facile à enlever. Couper ensuite les betteraves en tranches.
- Pour faire la vinaigrette : dans un bol, mettre l'huile, le vinaigre, les échalotes, le persil, le sel et le poivre. Bien mélanger. Incorporer les betteraves en brassant encore un peu.
- Servir la salade dans une assiette, sur de belles feuilles de laitue bien croquantes.

ALLERGÈNES LES PLUS COMMUNS
peut contenir des sulfites (vinaigre)

Préparation
15 minutes

Cuisson
1 h 15

Salade de riz sauvage

6 PORTIONS

160 ml (⅔ tasse) d'huile de canola
80 ml (⅓ tasse) de sauce soya (voir note p. 44)
340 g (12 oz) de bébés épinards
175 g (1 tasse) de riz sauvage déjà cuit
3 branches de céleri, en petits morceaux
2 poivrons rouges ou orange, en petits morceaux
1 oignon rouge, émincé
150 g (1 tasse) de raisins secs
115 g (⅔ tasse) de haricots de soya

- Dans un bol à salade, mélanger l'huile et la sauce soya. Ajouter tous les autres ingrédients et mélanger. Servir la salade aussitôt.

Chaque fois que je fais cuire du riz sauvage, j'en garde 175 g (1 tasse) pour préparer cette délicieuse recette !

ALLERGÈNES LES PLUS COMMUNS
blé (dans la plupart des sauces soya), soya, peut contenir des sulfites (dans les raisins secs, s'ils ne sont pas biologiques)

Préparation
15 minutes

La betterave est un légume délicieux et coloré
que l'on n'apprête pas assez souvent.
Cette salade toute simple permet de servir un plat
savoureux avec un minimum d'effort.

J'aime faire des plats qui semblent contenir de la crème, mais qui n'en contiennent pas… Cela suscite toujours l'admiration de mes convives ! Seul Charles-Antoine ne s'en étonne plus. Lorsqu'il est à la maison, c'est comme s'il pouvait manger un peu de tout…

Salade crémeuse d'avocats

4 PORTIONS

2 c. à soupe de jus de citron fraîchement pressé
80 ml (⅓ tasse) de préparation crémeuse de soya (voir note p. 44)
Ciboulette ciselée
1 c. à café (1 c. à thé) de sucre
3 oignons verts (échalotes) ciselés
Sel
3 avocats bien mûrs
10 tomates cerises
Quelques feuilles de laitue frisée, bien lavées et essorées
Poivre noir du moulin, pour le service

- Pour faire la vinaigrette : dans un bol à salade, mélanger le jus de citron, la préparation crémeuse, la ciboulette, le sucre, les oignons verts et le sel.
- Couper les avocats en dés, puis couper les tomates en 2. Les mélanger avec la laitue et la vinaigrette. Servir sans tarder, avec un peu de poivre du moulin.

ALLERGÈNES LES PLUS COMMUNS
soya

Préparation
15 minutes

Salade de fenouil et de mandarines

4 PORTIONS

Le jus de ½ citron fraîchement pressé
3 c. à soupe d'huile d'olive
Sel et poivre noir fraîchement moulu, au goût
2 gros bulbes de fenouil bien frais et bien croquants
3 mandarines fraîches ou 1 petite boîte de 284 ml (10 oz) de mandarines en conserve
3 oignons verts (échalotes) coupés en petites rondelles

- Dans un bol à salade, mélanger le jus de citron, l'huile d'olive, le sel et le poivre. Couper les bulbes de fenouil en morceaux d'environ 1 cm (½ po) et les mettre dans le bol, avec les mandarines et les oignons verts.
- Brasser la salade et couvrir le bol de pellicule plastique avant de le mettre au frigo pendant environ 1 heure, avant de servir.

Ce ne sont pas toujours les recettes les plus compliquées qui sont les meilleures. Essayez de préparer cette salade environ 1 heure à l'avance pour que les morceaux de fenouil aient le temps de s'imprégner de saveur.
S'il vous en reste un peu après le repas, remettez-la rapidement au frigo, elle est encore meilleure le lendemain !

ALLERGÈNES LES PLUS COMMUNS
aucun

Préparation
10 minutes

Réfrigération
1 heure
(facultatif)

Salade thaïlandaise de concombres aux haricots de soya

4 PORTIONS

- 2 concombres anglais
- 2 c. à café (2 c. à thé) de sucre en poudre
- 2 c. à soupe de jus de citron vert fraîchement pressé
- 3 c. à soupe de sauce douce aux piments du commerce
- 1 oignon rouge coupé en petits dés
- Un petit bouquet de coriandre haché
- 4 c. à soupe de haricots de soya grillés
- 2 c. à soupe d'ail frit
- 1 c. à soupe de sauce de poisson (vérifier les ingrédients)
- ½ c. à café (½ c. à thé) de sambal olek

- Éplucher les concombres, puis les couper dans le sens de la longueur. À l'aide d'une cuillère, enlever les graines et la partie molle au centre. Les couper ensuite en fines tranches.
- Dans un bol, faire dissoudre le sucre en poudre dans le jus de citron vert. Mettre ensuite les concombres dans le mélange sucre-jus de citron vert, puis ajouter la sauce au piment, l'oignon rouge et la coriandre. Recouvrir d'une pellicule plastique et mettre le bol au frigo pendant 1 heure.
- Dans un mortier ou dans un petit mélangeur, concasser grossièrement les haricots de soya grillés. Au moment de servir, ajouter aux concombres marinés les haricots de soya, l'ail frit, la sauce de poisson et le sambal olek. Mélanger et servir.

ALLERGÈNES LES PLUS COMMUNS

soya et poisson (anchois dans la sauce de poisson)

SUBSTITUT SUGGÉRÉ

pour la sauce de poisson : quantité équivalente d'eau et un peu de sel

Notes

Pour faire de l'ail frit, émincez quelques gousses d'ail, puis faites-les revenir dans quelques gouttes d'huile de canola, à feu moyen-doux. Faites-les brunir, sans les faire brûler. Laissez-les refroidir, puis épongez-les avec du papier essuie-tout pour enlever l'excédent d'huile.

Vérifiez bien l'étiquette des sauces, elles peuvent parfois contenir du blé et/ou des sulfites.

Saviez-vous que vous pouvez remplacer, dans presque n'importe quelle recette, les arachides par des haricots de soya grillés ? Le plus étonnant, c'est qu'il y a fort à parier que, dans cette succulente salade exotique, personne ne verra la différence.

Marinade
1 heure

Préparation
20 minutes

Lorsque vous sentirez le croquant des haricots de soya et la fraîcheur sucrée du concombre se mélanger subtilement dans votre bouche, vous n'aurez qu'une envie : partir en voyage pour expérimenter de nouveau ces saveurs du bout du monde…

Les figues et le prosciutto, un mélange sucré-salé divin ! Rien de plus simple à préparer. Rien de meilleur !

Salade de figues et de prosciutto

4 PORTIONS

- 4 c. à soupe d'huile d'olive
- 2 c. à soupe de vinaigre balsamique
- 1 gousse d'ail pressée
- Un peu de sel
- 4 figues fraîches, coupées en 4
- 100 g (3 ½ oz) de fines tranches de prosciutto coupées en morceaux de 5 cm (2 po) (voir note p. 44)
- 240 g (4 tasses) de roquette
- Poivre noir du moulin

ALLERGÈNES LES PLUS COMMUNS
peut contenir des sulfites (vinaigre)

• Dans un grand bol à salade, à l'aide d'une fourchette, mélanger l'huile, le vinaigre, l'ail et le sel. Ajouter ensuite les figues, le prosciutto et la roquette. Brasser et garnir de poivre du moulin.

Préparation
10 minutes

Délicieuse salade d'épinards aux pommes

4 PORTIONS

- 60 ml (¼ tasse) d'huile d'olive
- 2 c. à soupe de vinaigre de framboises
- 1 gousse d'ail passée au presse-ail
- 1 c. à café (1 c. à thé) d'herbes de Provence
- Sel et poivre noir fraîchement moulu
- 2 pommes coupées en dés
- 2 échalotes coupées en rondelles
- Pétales de monardes (facultatif)
- 1 sac de 180 g (6 oz) de bébés épinards

• Mettre tous les ingrédients, sauf les épinards et les pétales de monardes, dans un grand bol à salade. Bien mélanger. Laisser mariner ainsi les pommes pendant environ 1 heure avant le repas, elles se gorgeront de saveur.

• Au moment de servir, ajouter les épinards et mélanger.

ALLERGÈNES LES PLUS COMMUNS
peut contenir des sulfites (vinaigre)

Voici une salade toute simple aux couleurs de l'été ! Si vous avez des monardes dans votre jardin, parsemez la salade de leurs jolis pétales rouges. Vos invités en raffoleront.

Marinade
1 heure

Préparation
10 minutes

Trompe-l'œil de tomates aux bocconcini

4 PORTIONS

3 tomates bien mûres
½ boîte de 349 g (12 oz) de tofu extra-ferme
Un filet d'huile d'olive
Un filet de vinaigre balsamique
Quelques feuilles de basilic ciselées
Gros sel
Poivre noir du moulin

- Couper les tomates et le tofu en tranches d'environ 1 cm (½ po) d'épaisseur. À l'aide d'un couteau ou d'un emporte-pièce circulaire, découper ensuite un cercle à l'intérieur de chacune des tranches de tofu pour leur donner la forme arrondie des fromages bocconcini.
- Répartir les tranches de tomate dans 4 assiettes. Déposer délicatement chacune des rondelles de tofu sur une tranche de tomate. Napper d'huile d'olive et de vinaigre balsamique. Couvrir du basilic, de gros sel et de poivre du moulin.

Préparation
10 minutes

Asperges vinaigrette

4 PORTIONS

1 botte d'asperges

LA VINAIGRETTE

80 ml (⅓ tasse) d'huile d'olive
1 gousse d'ail passée au presse-ail
3 c. à soupe de vinaigre balsamique
1 c. à café (1 c. à thé) de sucre
1 c. à soupe de jus de citron fraîchement pressé
1 c. à soupe de moutarde de Dijon (facultatif)
Sel et poivre noir fraîchement moulu, au goût

- Cuire les asperges à la vapeur, jusqu'à ce qu'elles soient tendres, au goût. Les rincer à l'eau froide pour freiner la cuisson.
- Pour faire la vinaigrette : mélanger vigoureusement tous les ingrédients de la vinaigrette à l'aide d'une fourchette. Verser doucement la vinaigrette sur les asperges.
- S'il reste de la vinaigrette, elle se conserve au réfrigérateur pendant quelques jours dans un contenant hermétique.

Voici l'entrée idéale pour déposer sur la table d'un buffet ou pour servir dans de petites assiettes à chacun de vos convives. La vinaigrette est également parfaite pour les salades ou pour manger avec des avocats.

ALLERGÈNES LES PLUS COMMUNS
moutarde (facultatif), peut contenir des sulfites (vinaigre et moutarde)

Préparation
25 minutes

Dans cette recette, je remplace les fromages bocconcini par du tofu ferme. Avec un bon vinaigre balsamique, une bonne huile d'olive et de belles feuilles de basilic, l'illusion est parfaite ! De plus, le côté croquant du gros sel est délicieux.

ALLERGÈNES LES PLUS COMMUNS
soya, peut contenir des sulfites (vinaigre)

Gravlax (saumon mariné)

4 PORTIONS

2 filets de saumon de 350 g (12 oz) chacun, dans la partie la plus épaisse, avec la peau
2 c. à soupe de gros sel
2 c. à soupe de cassonade
1 c. à café (1 c. à thé) de poivre noir concassé
Aneth
1 c. à café (1 c. à thé) de rhum (facultatif)
4 ou 5 gouttes d'arôme de fumée liquide (facultatif)

- Rincer et bien assécher les filets de saumon. S'il s'en dégage une odeur de poisson, c'est que le saumon n'est pas suffisamment frais pour cette recette.
- Dans un sac ziplock, bien mélanger le sel, la cassonade et le poivre. Ajouter les filets de saumon, l'aneth, le rhum et l'arôme de fumée liquide, si désiré. Agiter le sac pour que tous les ingrédients se répartissent le mieux possible autour des filets.
- Rouler le sac pour en faire sortir le maximum d'air, puis le mettre au réfrigérateur, en déposant un poids par-dessus pour bien le comprimer. Le laisser au réfrigérateur pendant 24 heures.
- Entre-temps, le saumon a doucement absorbé cette marinade et s'est gorgé de saveur, tout en « cuisant » au contact du sel. Il ne reste qu'à bien rincer le saumon et à le couper en fines tranches, à l'aide d'un couteau bien affûté.

ALLERGÈNES LES PLUS COMMUNS
poisson

Note
Certains aliments crus, dont le poisson, sont potentiellement plus allergènes que les aliments cuits. Soyez prudents.

Mes enfants adorent le saumon fumé, mais il est plus simple de préparer ce délicieux gravlax, une recette de saumon mariné d'origine suédoise, qu'il fait bon déguster en entrée lors des repas de fête. Pour bien réussir cette recette, il faut que le saumon soit d'une fraîcheur irréprochable. On peut aussi apprêter le gravlax en salade (voir Avocats farcis au gravlax et à la moutarde, p. 61).

Préparation
10 minutes, la veille

Réfrigération
24 heures

Potage aux asperges et à la ciboulette

ALLERGÈNES LES PLUS COMMUNS
soya (facultatif)

4 PORTIONS

- 2 grosses bottes d'asperges, dont on a retiré la partie dure
- 1 pomme de terre
- 500 ml (2 tasses) de Bouillon de poulet maison (p. 81) ou de bouillon de poulet du commerce permis
- Quelques brins de ciboulette fraîche, ciselés
- Sel et poivre noir fraîchement moulu
- Préparation crémeuse de soya (voir note p. 44) (facultatif)
- Ciboulette pour garnir

- Cuire les asperges dans une marguerite. Les laisser ramollir jusqu'à ce qu'elles soient tendres. Entre-temps, cuire la pomme de terre à l'eau bouillante.
- Passer la moitié des asperges au mélangeur, avec la moitié de la pomme de terre, ainsi qu'avec une petite partie du bouillon de poulet. Mélanger pendant 1 ou 2 minutes à puissance élevée, jusqu'à ce que la préparation soit onctueuse. Ajouter encore du bouillon pour obtenir la consistance désirée.
- Répéter l'opération pour le reste des ingrédients. Verser ensuite tout le mélange asperges-pommes de terre dans une grande casserole. Ajouter quelques brins de ciboulette. Saler et poivrer, au besoin.
- Au moment de servir, si désiré, dessiner dans chacun des bols une spirale avec la préparation crémeuse et passer rapidement la pointe d'un couteau sur la surface, afin de créer un joli motif.
- Piquer dans le potage quelques tiges de ciboulette pour lui donner un effet de relief…

Il est si facile de faire un bon potage ! Pourquoi s'en priver ? Au printemps, lorsque les asperges du Québec se pointent dans les marchés publics, c'est le moment idéal pour faire ce délicieux potage crémeux… sans crème !

Préparation
40 minutes

Malheureusement, mon fils est allergique à la moutarde… Mais comme il s'agit d'une allergie peu commune, j'ai décidé de vous donner cette recette qui vous permettra de préparer une entrée qui plaira, à coup sûr !

Avocats farcis au gravlax et à la moutarde

4 PORTIONS

Environ 200 g (7 oz) de Gravlax (p. 58) ou de saumon fumé du commerce permis
1 c. à soupe de moutarde de Dijon
1 c. à soupe de câpres émincées
Quelques gouttes de sauce Worcestershire (voir note p. 44)
2 avocats bien mûrs
Gros sel
Poivre noir du moulin

- Hacher soigneusement le saumon. Le mélanger avec la moutarde, les câpres et la sauce Worcestershire, pour que le tout ressemble à une salade.
- Couper les avocats en 2, puis en retirer le noyau. Couper aussi une petite tranche sous chacune des moitiés d'avocat, afin de leur donner un fond plat, ainsi elles ne basculeront pas dans l'assiette. Déposer un demi-avocat dans 4 assiettes, puis garnir chacun des demi-avocats d'une boule de salade de saumon.
- Parsemer de gros sel et de poivre du moulin.

ALLERGÈNES LES PLUS COMMUNS
poisson et moutarde, peut contenir des sulfites (moutarde et câpres)

Préparation
15 minutes

Potage à la courge musquée

4 PORTIONS

- 1 grosse courge musquée
- 1 c. à soupe d'huile d'olive
- 2 gousses d'ail grossièrement hachées
- 1 gros oignon haché
- 750 ml (3 tasses) de Bouillon de poulet maison (p. 81) ou de bouillon de poulet du commerce permis
- ½ c. à café (½ c. à thé) de cannelle en poudre
- 1 c. à café (1 c. à thé) de gingembre en poudre
- Sel et poivre noir du moulin

- Préchauffer le four à 180 °C (350 °F). Couper la courge en 2 dans le sens de la longueur et en retirer les graines à l'aide d'une cuillère. Déposer chacune des deux moitiés, côté chair vers le bas, sur une tôle à biscuits huilée. Cuire au four pendant environ 40 minutes ou jusqu'à ce que la chair soit tendre. Quand la courge est refroidie, retirer toute la chair avec une cuillère. Réserver.
- Dans une grande casserole, à feu moyen-élevé, faire revenir rapidement l'ail et l'oignon dans l'huile. Ajouter la chair de la courge et cuire de 2 à 3 minutes. Incorporer ensuite le bouillon, la cannelle et le gingembre. Porter à ébullition.
- Baisser à feu doux et laisser mijoter à couvert, en remuant de temps en temps, pendant une vingtaine de minutes ou jusqu'à ce que la courge se défasse presque toute seule.
- Selon la quantité obtenue, mettre une partie du contenu de la casserole dans un mélangeur et réduire en purée. Répéter l'opération pour le reste du potage, au besoin.
- Saler et poivrer au moment de servir.

ALLERGÈNES LES PLUS COMMUNS
aucun

Préparation
40 minutes

Cuisson
40 minutes

Nous adorons ce potage onctueux.
Sa belle couleur orangée annonce l'arrivée
de l'automne.

Mes enfants n'ont pas toujours aimé le chou-fleur, alors je leur disais que je leur servais un potage aux pommes. Parfois, le choix des mots est bien important… Ce potage a une saveur très délicate, n'hésitez donc pas à le servir dans les grandes occasions.

Potage pommes, chou-fleur et cari

- Dans une grande casserole, chauffer l'huile à feu moyen. Y faire revenir l'oignon, l'ail et le cari, jusqu'à ce que l'oignon devienne translucide. Ajouter les pommes et cuire pendant quelques minutes, jusqu'à ce qu'elles commencent à ramollir.
- Ajouter ensuite le chou-fleur, les pommes de terre et le bouillon. Porter le tout à ébullition, baisser à feu doux et laisser mijoter pendant une vingtaine de minutes, jusqu'à ce que le chou-fleur et les pommes de terre soient très tendres.
- Selon la quantité obtenue, mettre une partie du contenu de la casserole dans un mélangeur et réduire en purée. Répéter l'opération pour le reste du potage, au besoin.
- Saler, poivrer, garnir de quelques brins de ciboulette… et servir !

ALLERGÈNES LES PLUS COMMUNS
aucun

Préparation
40 minutes

6 À 8 PORTIONS

4 c. à soupe d'huile d'olive
1 petit oignon haché
1 gousse d'ail émincée
1 c. à soupe de poudre de cari doux (voir note p. 44)
3 pommes coupées en cubes (il n'est pas nécessaire de les éplucher)
1 chou-fleur défait en bouquets
2 pommes de terre coupées en petits cubes
1,25 litre (5 tasses) de Bouillon de poulet maison (p. 81) ou de bouillon de poulet du commerce permis
Sel et poivre noir du moulin
Quelques brins de ciboulette pour garnir

Gaspacho aux tomates cerises

4 PORTIONS

1 concombre anglais, pelé et épépiné
10 tomates cerises
1 gousse d'ail
2 échalotes françaises
2 poivrons rouges, épépinés
2 c. à soupe d'huile d'olive
1 c. à soupe de vinaigre de vin rouge
Une quinzaine de feuilles de basilic
Quelques brins de persil
250 ml (1 tasse) d'eau froide ou davantage, selon la consistance
Sel
Pain grillé (voir note p. 43)
Persil supplémentaire et grains de poivre noir du moulin, pour garnir

- Dans un mélangeur, mettre le concombre, les tomates, l'ail, les échalotes françaises, les poivrons, l'huile, le vinaigre, le basilic et le persil. Verser l'eau graduellement, jusqu'à l'obtention de la consistance désirée.
- Saler et mettre au réfrigérateur jusqu'à ce que la soupe soit bien froide.
- Déposer un croûton de pain grillé dans chacun des bols avant d'y verser la soupe. Décorer de brins de persil, parsemer la soupe de quelques grains de poivre, puis servir.

Il y a de ces recettes classiques qui ne contiennent que de bons ingrédients et qui sont sans danger pour les personnes qui souffrent d'allergies alimentaires. Chacun a sa version de ce savoureux potage froid. Pour ma part, j'aime bien utiliser des tomates cerises, pour leur petit goût sucré !

ALLERGÈNES LES PLUS COMMUNS

blé (facultatif, dans le pain), peut contenir des sulfites (vinaigre)

Préparation
15 minutes

Soupe poulet et nouilles la plus simple du monde

6 PORTIONS

1,5 litre (6 tasses) de Bouillon de poulet maison (p. 81) ou de bouillon de poulet du commerce permis
2 c. à soupe d'herbes salées
45 g (½ tasse) de petites nouilles à soupe (petites étoiles, plombs ou autre type de nouilles)
40 g (¼ tasse) de petits morceaux de poulet cuits (facultatif)

- Dans une casserole, porter le bouillon à ébullition avec les herbes salées. Ajouter les nouilles et les cuire doucement dans le bouillon selon le mode d'emploi qui figure sur l'emballage.
- Mettre les morceaux de poulet à la fin seulement, pour ne pas qu'ils se défassent pendant la cuisson.

Notes

La quantité d'herbes salées n'est donnée qu'à titre indicatif. Elle peut varier selon la quantité de sel que contient déjà le bouillon.

Plusieurs nouilles à soupe sont faites avec des œufs ou peuvent en contenir des traces. Lisez bien l'étiquette.

Les soupes au poulet instantanées contiennent une foule d'ingrédients aux noms complexes, de quoi terrifier (avec raison !) beaucoup de personnes allergiques ou celles qui se préoccupent de leur santé. Utilisez le Bouillon de poulet maison (p. 81) et cette soupe saura, à coup sûr, vous réconforter !

ALLERGÈNES LES PLUS COMMUNS
blé

Préparation
20 minutes

Soupe au poulet et à la citronnelle

4 À 6 PORTIONS

LA SOUPE

5 tiges de citronnelle, la partie blanche seulement
Un morceau de 4 cm (1 ½ po) de galanga ou de gingembre, coupé en tranches
1 piment rouge fort
1,5 litre (6 tasses) de Bouillon de poulet maison (p. 81) ou de bouillon du commerce permis
200 g (7 oz) de poulet cru, coupé en petits morceaux
Une barquette de 114 g (4 oz) de champignons shiitake dont on retire la queue, coupés en tranches, ou la même quantité de champignons de Paris lavés et tranchés
5 feuilles de lime kaffir ou le zeste râpé de 1 citron vert bien lavé
3 c. à soupe de jus de citron vert
1 c. à soupe de cassonade
60 ml (¼ tasse) de sauce de poisson (vérifier les ingrédients)

POUR SERVIR

Une petite quantité de vermicelles de haricots mungo ou de vermicelles de riz, au goût

LA GARNITURE

Une tige de citronnelle supplémentaire
2 feuilles de lime kaffir supplémentaires ou un peu de zeste de citron vert
1 échalote française
3 c. à soupe de basilic thaïlandais ou de coriandre

- Pour parer les tiges de citronnelle, faire une incision dans le sens de la longueur, sans couper les tiges en 2. Les écraser ensuite avec le côté plat d'un couteau. De la même façon, écraser les tranches de galanga ou de gingembre et le piment rouge, cela contribuera à en libérer toute la saveur.
- Dans une grande casserole, mettre le bouillon, le poulet, la citronnelle, les champignons, les feuilles de lime kaffir, le galanga et le piment fort. Les laisser mijoter pendant une vingtaine de minutes.
- Ajouter ensuite le jus de citron vert, la cassonade et la sauce de poisson. Laisser mijoter encore pendant 1 ou 2 minutes.
- Entre-temps, cuire les vermicelles selon le mode d'emploi qui figure sur l'emballage. En général, il suffit de les mettre dans de l'eau presque bouillante et de les laisser tremper quelques minutes avant de les rincer.
- Pour faire la garniture : hacher ensemble le plus finement possible (on peut utiliser un petit robot culinaire, c'est plus rapide) la tige de citronnelle, les 2 feuilles de lime kaffir, l'échalote française et le basilic thaïlandais, puis les mettre dans un petit bol. Réserver.
- Retirer la citronnelle et le galanga du bouillon.
- Au moment de servir, verser de la soupe dans chacun des bols. Ajouter un peu de vermicelles. Parsemer le tout d'une pincée du mélange parfumé de la garniture.

Note

Selon la quantité de sel que contient le bouillon de poulet, il faudra peut-être mettre un peu moins de sauce de poisson.

ALLERGÈNES LES PLUS COMMUNS
poisson (anchois dans la sauce de poisson)

SUBSTITUT SUGGÉRÉ
quantité équivalente d'eau et un peu de sel

Préparation
40 minutes

Il s'agit sans contredit de ma recette de soupe préférée. Il vous faudra, certes, faire une petite visite à l'épicerie asiatique, mais la saveur exotique de cette soupe en vaut le détour. Je vous suggère aussi quelques substitutions avec des ingrédients plus faciles à trouver.

Vous trouverez les algues dans les épiceries asiatiques, chez certains poissonniers ou dans les magasins d'aliments naturels. Une fois que vous aurez trouvé ces ingrédients, la marche à suivre pour faire cette recette est très simple…

Soupe miso

- Dans une casserole, mettre le rectangle de kombu dans l'eau froide et chauffer à feu élevé. Dès que l'eau commence à bouillir, retirer le kombu et le jeter.
- Ajouter les flocons de bonite et laisser bouillir de 5 à 10 minutes. Passer ensuite le bouillon au tamis pour en retirer les flocons. Le bouillon filtré se nomme dashi, c'est le bouillon de base de la soupe miso.
- Ajouter le miso, les algues wakamé et les champignons shiitake. Laisser mijoter encore pendant 5 minutes.
- Pour servir, ajouter un peu d'oignons verts et quelques cubes de tofu dans chacun des petits bols. Délicieux !

ALLERGÈNES LES PLUS COMMUNS
soya et poisson, peut contenir du blé (miso)

Charles-Antoine m'en aurait énormément voulu si je n'avais pas donné la recette de la soupe miso dans ce livre, tellement il l'adore ! C'est la preuve que parfois un peu d'audace est la porte ouverte à de belles découvertes… Cette soupe constitue une entrée parfaite pour le Saumon teriyaki (p. 102), qui est aussi une des recettes préférées de notre grand garçon !

Préparation
30 minutes

4 À 6 PORTIONS

Un rectangle de kombu séché (algue)
1,5 litre (6 tasses) d'eau
15 g (½ tasse) de flocons de bonite séchée (la bonite est un poisson)
4 c. à soupe de miso
3 c. à soupe de wakamé séché (algue)
8 champignons shiitake dont on a retiré les pieds, puis que l'on a coupés en lanières

POUR SERVIR

3 oignons verts (échalotes) coupés en petites rondelles
200 g (7 oz) de tofu coupé en petits cubes

Délicieuses tapenades

Pour quelques convives

Aux olives noires

1 boîte de 398 ml (14 oz) d'olives noires en conserve, dénoyautées
2 gousses d'ail
3 c. à soupe de câpres égouttées
3 c. à soupe d'huile d'olive
3 ou 4 filets d'anchois dans l'huile, égouttés (facultatif)
Quelques brins de persil frais
Basilic frais
1 c. à soupe de jus de citron fraîchement pressé
Poivre noir fraîchement moulu

Épicée aux olives vertes

1 boîte de 398 ml (14 oz) d'olives vertes en conserve, dénoyautées
2 gousses d'ail
1 c. à café (1 c. à thé) de sambal olek
3 c. à soupe de câpres égouttées
3 c. à soupe d'huile d'olive
1 c. à soupe de jus de citron fraîchement pressé
Sel et poivre noir fraîchement moulu

Aux tomates séchées

1 bocal de 280 ml (10 oz) de tomates séchées dans l'huile, égouttées (bien vérifier les ingrédients)
½ boîte de 398 ml (14 oz) d'olives vertes en conserve, dénoyautées
1 gousse d'ail
45 g (¼ tasse) de haricots de soya grillés
2 c. à soupe de câpres égouttées
3 c. à soupe d'huile d'olive
1 c. à café (1 c. à thé) d'herbes de Provence
1 c. à soupe de vinaigre de vin rouge
Poivre noir fraîchement moulu

- Mettre tous les ingrédients dans un robot culinaire. Les hacher par petits coups, puis répéter l'opération jusqu'à l'obtention de la texture désirée.

Note

Lorsque vous passerez les ingrédients au robot culinaire, prenez garde de ne pas tout réduire en purée. Il doit rester des petits morceaux. La texture obtenue est ainsi beaucoup plus intéressante.

Tapenade aux olives noires

- Les filets d'anchois sont facultatifs, mais il faudra saler si vous décidez de ne pas en mettre.

Tapenade épicée aux olives vertes

- Vous pourrez adapter la quantité de sambal olek au goût de vos invités.

Tapenade aux tomates séchées

- Les haricots de soya donnent à cette tapenade une texture croquante très intéressante, qui contraste avec celle des deux recettes précédentes.

ALLERGÈNES LES PLUS COMMUNS

Tapenade aux olives noires :
poisson (anchois) (facultatif), peut contenir des sulfites (câpres)
Tapenade épicée aux olives vertes :
peut contenir des sulfites (câpres)
Tapenade aux tomates séchées :
soya, peut contenir des sulfites (vinaigre et câpres)

Pour obtenir un effet maximum, déposez une petite boule de chacune de ces trois tapenades dans l'assiette de vos invités ou servez-les sur de petits morceaux de pain grillé.

Préparation
10 minutes

Depuis que nous faisons des tapenades maison, celles du commerce nous semblent bien ordinaires… De plus, elles sont tellement simples à préparer !

Cette trempette servie comme amuse-gueule, sur des croûtons ou sur de petits pains pitas, fera la joie de tous. Vous pouvez aussi la servir comme garniture avec les Burgers de dindon au basilic et aux tomates séchées (p. 130).

Poivrons grillés

1 kg (2 ¼ lb) de poivrons de toutes les couleurs
Huile d'olive, en quantité suffisante
Quelques gousses d'ail passées au presse-ail
Un bouquet de basilic
Sel

- Idéalement, faire griller les poivrons au barbecue. Préchauffer le barbecue à température élevée. Déposer les poivrons sur la grille du barbecue préchauffé et les laisser griller pendant quelques minutes. Les retourner et les laisser griller jusqu'à ce que la peau soit noircie de tous les côtés. Il est aussi possible de faire griller les poivrons sous le gril du four.
- Déposer ensuite les poivrons dans une grande casserole, puis les couvrir. Les laisser ainsi pendant au moins une vingtaine de minutes, puis les retirer de la casserole. La peau s'enlèvera alors presque toute seule. Retirer le cœur et les graines. Attention, c'est chaud !
- Couper ensuite les poivrons pelés en lanières assez larges. Quand ils sont refroidis, les servir couverts d'huile d'olive, d'une gousse d'ail pressée, de quelques feuilles de basilic et de sel.

ALLERGÈNES LES PLUS COMMUNS
aucun

Préparation
env. 1 h 15

Je congèle toujours ces poivrons grillés dans de petits sacs. En janvier, rien n'est plus réjouissant que de les laisser décongeler et de redécouvrir les doux parfums de l'été !

Croûtons à la trempette de poivrons grillés

4 À 6 PORTIONS

LA TREMPETTE

150 g (1 tasse) de poivrons rouges grillés, selon la méthode expliquée plus haut, ou de poivrons grillés en bocal (bien vérifier les ingrédients)
2 gousses d'ail
Un bouquet de basilic
Sel et poivre noir fraîchement moulu
60 ml (¼ tasse) d'huile d'olive

LES CROÛTONS

Croûtons (voir note sur le pain, p. 43)
Ail
Quelques feuilles de basilic pour garnir

ALLERGÈNES LES PLUS COMMUNS
blé

- Passer tous les ingrédients de la trempette au robot culinaire pendant quelques secondes.
- Faire griller les croûtons au four, jusqu'à ce qu'ils soient dorés. Les sortir du four, puis les frotter d'une gousse d'ail. Les garnir ensuite d'un peu de trempette de poivrons et d'une feuille de basilic frais.

Préparation
15 minutes

Plats principaux

Poulet rôti aux poivrons et aux olives de Marjolaine

4 à 6 PORTIONS

1 poulet de 2 à 3 kg (4 ½ à 6 ½ lb)
Sel et poivre noir fraîchement moulu
Quelques branches de thym
3 c. à soupe d'huile d'olive
1 gros oignon rouge, grossièrement haché
3 tomates italiennes coupées en 4
3 poivrons de couleurs différentes, en grosses tranches
5 grosses gousses d'ail
Pommes de terre grelots soigneusement lavées
60 ml (¼ tasse) de Bouillon de poulet maison (p. 81) ou de bouillon de poulet du commerce permis
1 boîte d'olives noires ou vertes de 398 ml (14 oz)
Huile d'olive pour badigeonner
Paprika

- Préchauffer le four à 180 °C (350 °F). Trousser le poulet et bien le rincer à l'intérieur comme à l'extérieur. L'assécher avec du papier essuie-tout. Saler et poivrer généreusement l'intérieur de la cavité, puis y mettre les branches de thym.
- Verser l'huile dans une cocotte assez grande pour contenir tous les ingrédients. Faire revenir l'oignon jusqu'à ce qu'il devienne transparent, sans le laisser brunir. Retirer la cocotte du feu avant d'y mettre le poulet.
- Ensuite, on peut s'amuser à répartir les tomates, les poivrons, l'ail et les pommes de terre tout autour du poulet. Arroser les légumes de bouillon.
- Juste avant de mettre la cocotte au four, badigeonner le poulet d'huile d'olive et le saupoudrer de sel, de poivre et de paprika, pour lui donner de la couleur.
- Cuire pendant 2 heures, à couvert. Sortir la cocotte du four. À l'aide d'une cuillère, remuer un peu les légumes, puis remettre le poulet au four et poursuivre la cuisson pendant encore 30 minutes, à découvert.
- Le poulet est prêt lorsque la cuisse se détache facilement à l'aide d'une fourchette.

ALLERGÈNES LES PLUS COMMUNS
peut contenir du blé (en traces dans le paprika)

Conservez la carcasse du poulet et tous les restes de légumes, ils vous serviront à préparer un savoureux Bouillon de poulet maison (p. 81).

Préparation
30 minutes

Cuisson
2 h 30

Pendant la cuisson du poulet, vous n'avez qu'à vous asseoir et à regarder le paysage d'automne en humant cette délicieuse odeur de cuisson, tout en sachant que vous n'aurez rien d'autre à préparer pour le repas… Bonne soirée !

Poulet «dopé» au pesto

4 PORTIONS

1 poulet d'environ 2 kg (4 ½ lb)
Sel et poivre noir
2 c. à soupe d'huile d'olive
60 ml (¼ tasse) de Pesto (p. 152) ou de pesto du commerce permis
Le jus de 1 citron fraîchement pressé
Une seringue pour injecter le pesto

- Préchauffer le four à 180 °C (350 °F). Laver et trousser le poulet. Saler et poivrer l'intérieur de la cavité. Verser l'huile d'olive dans une cocotte, puis y mettre le poulet.
- À l'aide des mains, décoller la peau de la chair en la pinçant et en la tirant doucement, à plusieurs endroits. Pratiquer de petites incisions de la grosseur de l'extrémité de la seringue à 5 ou 6 endroits sur le poulet, à la jonction des cuisses et de la poitrine, par exemple.
- Remplir la seringue de pesto, puis injecter le pesto sous la peau par les petites incisions. À l'aide d'un doigt, essayer de répartir le pesto le mieux possible. Une partie du pesto coulera à l'extérieur de la peau ou de petites poches vertes se formeront. Ce n'est pas grave : il ne restera alors qu'à étendre le surplus de pesto sur la peau.
- Arroser le poulet de jus de citron. Saler et poivrer, puis mettre le poulet au four pendant environ 2 h 30. À mi-cuisson, verser un demi-verre d'eau dans la cocotte.
- Servir avec la Purée de pommes de terre au basilic (p. 157).

ALLERGÈNES LES PLUS COMMUNS
soya, si le pesto en contient

Pour faire cette recette, il vous faudra une seringue pour injecter du pesto sous la peau du poulet. Ainsi «dopée» au pesto, la chair de votre poulet en absorbera toute la saveur…

Préparation
15 minutes

Cuisson
env. 2 h 30

Bouillon de poulet maison

- Remplir d'eau la cocotte qui contient la carcasse. Bien gratter le fond avec une cuillère en bois pour en détacher toutes les particules, elles donneront un goût incomparable au bouillon.
- Ajouter l'oignon, les carottes, le céleri, une bonne quantité de sel et du poivre. Laisser mijoter pendant deux bonnes heures. Laisser refroidir un peu à la température de la pièce, puis filtrer le bouillon dans une passoire avant de le mettre au réfrigérateur.
- Après 24 heures, retirer délicatement le gras qui s'est formé à la surface. Faire congeler le bouillon dans de petits contenants en plastique qui seront prêts à utiliser, au besoin.

ALLERGÈNES LES PLUS COMMUNS
aucun, selon les ingrédients contenus dans la carcasse utilisée

Pour ce bouillon, très goûteux, vous pouvez utiliser les restes d'un Poulet rôti aux poivrons et aux olives de Marjolaine. Conservez la carcasse, le jus de cuisson et tous les légumes qui restent au fond de la cocotte, il n'en sera que meilleur!

Préparation
10 minutes

Cuisson
2 heures

Quantité selon la grosseur de la carcasse

Le reste d'un Poulet rôti aux poivrons et aux olives de Marjolaine (p. 78) ou le reste d'une autre recette de poulet
Eau en quantité suffisante pour couvrir la carcasse
1 gros oignon coupé en 4
2 grosses carottes, en tronçons
2 branches de céleri
Du sel, en bonne quantité
Poivre noir

Un voyage au bout du monde à peu de frais ! Il y a plusieurs années, Jean-Sébastien a rapporté cette recette du Vietnam. Encore aujourd'hui, cette odeur délicate et parfumée le fait voyager jusqu'aux confins du continent asiatique. Le seul défi de cette recette est de trouver de la citronnelle fraîche, mais rassurez-vous, on en vend de plus en plus dans les supermarchés et dans certaines fruiteries.

Poulet au doux parfum du Vietnam

4 PORTIONS

3 bâtons de citronnelle hachés, la partie blanche seulement
2 c. à soupe de gingembre frais, haché
3 gousses d'ail émincées
1 oignon haché
4 c. à soupe d'huile végétale
800 g (1 ¾ lb) de blancs de poulet coupés en petits morceaux de 1 cm (½ po)
2 ½ c. à soupe de sauce de poisson (vérifier les ingrédients)
2 c. à café (2 c. à thé) de sucre
Coriandre fraîche
Sambal olek (facultatif)

- Dans un poêlon, chauffer l'huile à feu moyen, puis y mettre la citronnelle, le gingembre, l'ail et l'oignon. Cuire le tout de 3 à 4 minutes, en remuant, sans laisser colorer le mélange.
- Ajouter le poulet, puis augmenter à feu moyen-élevé et poursuivre la cuisson pendant quelques minutes, jusqu'à ce qu'il soit cuit. Incorporer ensuite la sauce de poisson et le sucre. Bien remuer pour que la sauce et le sucre se mélangent bien avec le poulet.
- Poursuivre encore la cuisson de 1 à 2 minutes, puis servir ce plat aussitôt, garni de feuilles de coriandre ciselées. Les amateurs de plats épicés peuvent mettre un peu de sambal olek dans leur assiette et y tremper légèrement leurs morceaux de poulet. Attention : c'est fort !

ALLERGÈNES LES PLUS COMMUNS
poisson (anchois dans la sauce de poisson)
SUBSTITUT SUGGÉRÉ
quantité équivalente d'eau et un peu de sel

Comme accompagnement, vous pouvez servir un bon riz parfumé au jasmin et les Petits légumes sautés à l'asiatique (p. 161), que vous pourrez facilement préparer en même temps que cette recette. Bon voyage… !

Préparation
35 minutes

Pilons de poulet au miel et au basilic thaïlandais

4 PORTIONS

LA SAUCE

2 c. à soupe d'huile de canola
2 gousses d'ail émincées
1 c. à soupe de gingembre frais, râpé
125 ml (½ tasse) d'eau
60 ml (¼ tasse) de miel
80 ml (⅓ tasse) de sauce douce aux piments, du commerce
125 ml (½ tasse) de sauce soya (voir note p. 44)
1 c. à soupe de vinaigre de riz
1 c. à soupe de fécule de maïs délayée dans un peu d'eau
½ c. à café (½ c. à thé) de sambal olek ou de piment en flocons
2 gros bouquets de basilic thaïlandais ou de basilic ordinaire grossièrement hachés

30 g (¼ tasse) de farine
½ c. à café (½ c. à thé) de sel
Environ 1 kg (2 ¼ lb) de pilons de poulet
3 c. à soupe d'huile d'olive

- Préchauffer le four à 180 °C (350 °F).
- Pour faire la sauce : dans un poêlon, chauffer l'huile à feu moyen. Ajouter l'ail et le gingembre, puis les faire revenir pendant environ 1 minute. Incorporer l'eau, le miel, la sauce aux piments, la sauce soya, le vinaigre de riz, la fécule de maïs et le sambal olek. Porter à ébullition et laisser mijoter à feu moyen pendant environ 5 minutes, jusqu'à ce que la sauce ait une bonne consistance. Ajouter les feuilles de basilic et laisser reposer loin du feu.
- Dans un sac ziplock, mélanger la farine et le sel. Déposer les morceaux de poulet dans le sac, puis secouer vigoureusement le sac pour bien fariner le poulet.
- Dans une casserole, chauffer l'huile à feu moyen et y cuire les pilons pendant quelques minutes de chaque côté, jusqu'à ce qu'ils soient bien dorés. Ajouter un peu d'huile supplémentaire, au besoin.
- Huiler le fond d'un grand plat en pyrex, puis y déposer les pilons. Les napper généreusement de sauce et les laisser cuire au four pendant 50 minutes, en les arrosant de temps en temps. Une délicieuse petite croûte dorée se formera sur les pilons. Si la croûte commence à brûler pendant la cuisson, couvrir le plat de papier d'aluminium, jusqu'à ce que le poulet soit cuit.
- Servir avec du riz parfumé au jasmin.

ALLERGÈNES LES PLUS COMMUNS
blé, soya, peut contenir des sulfites (vinaigre)

Préparation
30 minutes

Cuisson
50 minutes

Attention, ces bouchées de poulet sont succulentes, mais elles collent diablement les doigts !

Poulet au porto, aux canneberges et au romarin

4 PORTIONS

LA SAUCE

1 c. à soupe d'huile
1 oignon émincé
250 ml (1 tasse) de porto
Quelques brins de romarin frais, ciselés
125 ml (½ tasse) de miel
120 g (1 tasse) de canneberges fraîches ou décongelées
2 c. à soupe de vinaigre de vin rouge
Sel et poivre noir

800 g (1 ¾ lb) de poitrines de poulet, sans la peau
1 c. à café (1 c. à thé) de sel
60 g (½ tasse) de farine
4 c. à soupe d'huile d'olive

- Préchauffer le four à 180 °C (350 °F). Pour faire la sauce : dans une petite casserole, faire revenir l'oignon dans l'huile pendant 1 ou 2 minutes, à feu moyen. Ajouter ensuite le porto, le romarin et le miel. Laisser réduire de moitié. Incorporer les canneberges et le vinaigre de vin. Poursuivre la cuisson pendant encore 2 minutes.
- Couper les poitrines de poulet en 2, dans le sens de la longueur. Dans un petit bol, incorporer le sel à la farine. Saupoudrer les morceaux de poulet de ce mélange. Dans un poêlon, faire chauffer l'huile et y faire dorer le poulet de tous les côtés pendant quelques minutes. Ajouter un peu plus d'huile, au besoin.
- Déposer les morceaux de poulet dans un plat en pyrex légèrement huilé. Couvrir le poulet de la sauce au porto. Saler et poivrer généreusement.
- Cuire au four, à découvert, pendant une trentaine de minutes, en arrosant le poulet de sauce de temps en temps.

ALLERGÈNES LES PLUS COMMUNS

blé, peut contenir des sulfites (porto et vinaigre)

SUBSTITUTS SUGGÉRÉS

blé : faites dorer le poulet sans mettre de farine ; sulfites : remplacez le porto par du jus de canneberge

Un plat savoureux, à la fois sucré et salé, délicieux avec le Riz sauvage aux champignons (p. 160) ou avec les Pommes de terre rissolées à l'ail et au persil (p. 156).

Préparation
30 minutes

Cuisson
30 minutes

Vol-au-vent au poulet

ALLERGÈNES LES PLUS COMMUNS
blé et soya

- Dans une casserole, blanchir les carottes de 2 à 3 minutes dans l'eau bouillante. Réserver. Pendant que l'on prépare la sauce béchamel, cuire les vol-au-vent selon le mode d'emploi qui figure sur l'emballage.
- Pour faire la béchamel : dans une grande casserole, faire fondre la margarine. Ajouter la farine et brasser vigoureusement jusqu'à ce que le tout soit bien mélangé. Porter à ébullition. Verser graduellement la boisson de soya et le bouillon de poulet, en remuant bien, tout en continuant à chauffer le mélange à feu moyen.
- Après quelques minutes, quand la sauce commence à épaissir, ajouter les petits pois, les carottes, les oignons verts, le basilic et le thym. Poursuivre la cuisson à feu moyen pendant environ 5 minutes ou jusqu'à ce que la sauce ait la consistance désirée.
- Juste avant de servir, plonger les morceaux de poulet dans la sauce pour les réchauffer. Ne pas trop brasser : le poulet pourrait s'effilocher. Saler et poivrer généreusement.
- Lorsque les vol-au-vent sont chauds, les napper de cette onctueuse sauce, puis les garnir de petits brins de persil.

Des vol-au-vent et une sauce béchamel sans produits laitiers ! Au supermarché, vous trouverez des vol-au-vent qui ne contiennent ni beurre ni œufs, au rayon des produits surgelés. Il suffit de chercher un peu…

Préparation
30 minutes

4 PORTIONS

2 carottes coupées en petits dés
1 paquet de 6 vol-au-vent surgelés permis (bien lire l'étiquette)

LA BÉCHAMEL

60 g (¼ tasse) de margarine sans produits laitiers (voir note p. 43)
30 g (¼ tasse) de farine
500 ml (2 tasses) de boisson de soya
500 ml (2 tasses) de Bouillon de poulet maison (p. 81) ou de bouillon de poulet du commerce permis

140 g (1 tasse) de petits pois surgelés
4 oignons verts (échalotes) coupés en rondelles
1 c. à café (1 c. à thé) de basilic séché
1 c. à café (1 c. à thé) de thym séché
225 g (1 ½ tasse) de petits morceaux de poulet cuit
Sel et poivre noir, au goût
Persil, comme garniture

Bien sûr, dans ce classique du *take out* asiatique, le poulet est généralement enrobé d'une panure faite avec des œufs. Cette version est plus légère et franchement délicieuse !

Poulet du Général Tao

4 PORTIONS

600 g (env. 1 ¼ lb) de poulet en cubes
30 g (¼ tasse) de farine
6 c. à soupe d'huile de canola
2 gousses d'ail émincées
Un morceau de 5 cm (2 po) de gingembre frais, râpé
125 ml (½ tasse) d'eau
125 ml (½ tasse) de miel
6 c. à soupe de sauce soya (voir note p. 44)
3 c. à soupe de vinaigre de riz
½ c. à café (½ c. à thé) de sambal olek ou de piment en flocons
1 c. à soupe de fécule de maïs délayée dans un peu d'eau
1 c. à soupe d'huile de sésame (facultatif)
4 oignons verts (échalotes), en petites rondelles
Graines de sésame grillées pour garnir (facultatif)

- Mettre les cubes de poulet dans un sac ziplock avec la farine. Bien remuer le sac, afin de fariner généreusement les cubes de poulet. Réserver et jeter l'excédent de farine.
- Dans un poêlon, chauffer l'huile à feu élevé. Ajouter les cubes de poulet et les cuire pendant quelques minutes, jusqu'à ce qu'ils soient dorés et croustillants en surface, puis les retirer.
- Au besoin, remettre un peu d'huile dans le poêlon pour y faire revenir l'ail et le gingembre pendant quelques secondes.
- Ajouter l'eau, le miel, la sauce soya, le vinaigre de riz, le sambal olek, la fécule de maïs et l'huile de sésame, si désiré. Porter à ébullition et laisser la sauce épaissir.
- Remettre le poulet dans la sauce. Bien mélanger le tout. Cuire encore pendant 4 ou 5 minutes.
- Ajouter les oignons verts, juste avant de servir, afin qu'ils soient à la fois enrobés de sauce et qu'ils restent bien croquants. Garnir les morceaux de poulet de graines de sésame grillées, si désiré.
- On peut servir le poulet avec du brocoli cuit à la vapeur que l'on a fait sauter quelques minutes avec une gousse d'ail émincée dans un peu d'huile d'olive.

Notes

Attention : Le sésame est un puissant allergène. Assurez-vous que les personnes qui mangent de ce plat n'y soient pas allergiques. Dans cette recette, les graines et l'huile de sésame sont facultatives.

Pour faire griller des graines de sésame : faites-les cuire à sec pendant quelques minutes dans un poêlon antiadhésif, à feu moyen, en remuant de temps en temps, jusqu'à ce qu'elles soient dorées. Cela permet d'en dégager toute la saveur.

ALLERGÈNES LES PLUS COMMUNS

blé, soya et sésame (facultatif), peut contenir des sulfites (vinaigre)

Préparation
35 minutes

Escalopes de dindon façon saltimbocca

4 PORTIONS

1 c. à soupe de jus de citron fraîchement pressé
2 c. à soupe d'huile d'olive
3 gousses d'ail pressées
16 feuilles de sauge
Sel
4 grosses escalopes de dindon
8 tranches de prosciutto (voir note p. 44)
Cure-dents
Huile d'olive, pour la cuisson
Poivre noir du moulin

- Dans un sac qui ferme hermétiquement, mettre le jus de citron, l'huile d'olive, l'ail pressé, 8 feuilles de sauge ciselées et un peu de sel. Ajouter les escalopes de dindon, puis agiter le sac pour que les escalopes soient bien couvertes de la marinade. Le mettre ensuite au réfrigérateur de 2 à 4 heures.
- Retirer les escalopes de la marinade, puis jeter la marinade. Couvrir chacune des escalopes de 2 tranches de prosciutto, une au-dessus et une en dessous, sous lesquelles on place une grosse feuille de sauge entière. Fixer chacune des escalopes à l'aide d'un cure-dent.
- Dans un poêlon, chauffer un peu d'huile d'olive, à feu moyen. Y déposer les escalopes et cuire de 5 à 7 minutes de chaque côté. Comme le prosciutto est salé, il n'est pas nécessaire de saler davantage, mais on peut poivrer.

ALLERGÈNES LES PLUS COMMUNS
aucun

Marinade
2 à 4 heures

Préparation
40 minutes

Voici des escalopes de dindon qui
sont tout simplement délicieuses et faciles à préparer.
Cette recette provient d'Italie. On peut aussi
remplacer le dindon par du veau ou par du poulet.

Un poulet tout jaune, une sauce au lait de coco, des petits pois et du chou-fleur…
Un délice réconfortant et exotique !

ALLERGÈNES LES PLUS COMMUNS
poisson (anchois dans la sauce de poisson), peut contenir des sulfites (lait de coco)

SUBSTITUT SUGGÉRÉ POUR LA SAUCE DE POISSON
quantité équivalente d'eau et un peu de sel

Cari de poulet jaune

4 PORTIONS

2 c. à soupe d'huile d'olive
1 oignon émincé
3 gousses d'ail émincées
500 g (env. 1 lb) de poitrines de poulet coupées en morceaux d'environ 1 cm (½ po)
1 boîte de 398 ml (14 oz) de lait de coco
1 ½ c. à soupe de poudre de cari doux (voir note p. 44)
140 g (1 tasse) de petits pois surgelés
2 c. à café (2 c. à thé) de sucre
3 c. à soupe de sauce de poisson (vérifier les ingrédients)
1 petit chou-fleur séparé en petits bouquets ou la moitié d'un gros chou-fleur
Sel et poivre noir, au goût

- Dans un poêlon, chauffer l'huile d'olive à feu moyen. Y mettre l'oignon et l'ail, puis les faire sauter sans les laisser brunir. Ajouter le poulet et cuire à feu moyen-élevé de 3 à 4 minutes, jusqu'à ce qu'il ait perdu sa couleur rosée à l'extérieur.
- Ajouter le lait de coco, le cari et les petits pois surgelés. Laisser mijoter pendant 5 minutes. Ajouter le sucre, la sauce de poisson et les petits bouquets de chou-fleur. Cuire encore de 5 à 7 minutes ou jusqu'à ce que le chou-fleur ait la tendreté désirée. Saler et poivrer, si désiré.
- Ce plat se sert avec du riz, tout simplement.

Préparation
40 minutes

Poulet au lait de coco et au basilic

4 PORTIONS

2 c. à soupe d'huile d'olive
4 gousses d'ail émincées
1 oignon émincé
600 g (env. 1 ¼ lb) de poitrines de poulet coupées en cubes de 1 cm (½ po)
1 poivron vert, tranché en fines lamelles
1 poivron rouge, tranché en fines lamelles
2 c. à soupe de sauce de poisson (vérifier les ingrédients)
125 ml (½ tasse) de lait de coco
1 c. à soupe de jus de citron vert fraîchement pressé
½ c. à café (½ c. à thé) de sambal olek
2 c. à café (2 c. à thé) de sucre
Basilic thaïlandais ou coriandre

- Dans un grand poêlon, faire revenir rapidement l'ail et l'oignon dans l'huile, à feu moyen. Ajouter le poulet et le faire cuire à feu élevé, jusqu'à ce qu'il ait perdu sa couleur rosée en surface. Incorporer les poivrons et les laisser suer pendant 1 ou 2 minutes.
- Ajouter la sauce de poisson, le lait de coco, le jus de citron vert, le sambal olek et le sucre. Cuire encore de 4 à 5 minutes, à feu moyen. Parsemer de basilic thaïlandais ou de coriandre et servir avec du riz.

ALLERGÈNES LES PLUS COMMUNS
poisson (anchois dans la sauce de poisson), peut contenir des sulfites (lait de coco)

SUBSTITUT SUGGÉRÉ POUR LA SAUCE DE POISSON
quantité équivalente d'eau et un peu de sel

Une autre recette de poulet toute simple ! Cette fois, ce sont le jus de citron vert et le lait de coco qui rehaussent la saveur de ce plat exotique. Tous vos sens seront conquis !

Préparation
25 minutes

Pâtés au poulet et aux légumes

Donne 2 pâtés de 20 cm (8 po)

LA MACÉDOINE DE LÉGUMES

2 pommes de terre moyennes coupées en dés
3 carottes moyennes coupées en dés
1 oignon coupé en dés
1 branche de céleri coupée en dés
155 g (1 tasse) de haricots verts coupés en tronçons d'environ 1 cm (½ po)
1 c. à café (1 c. à thé) de sel

LE VELOUTÉ

60 ml (¼ tasse) d'huile de canola
4 c. à soupe de farine non blanchie
500 ml (2 tasses) de Bouillon de poulet maison (voir p. 81)
½ c. à café (½ c. à thé) de sauce Worcestershire (voir note p. 44)
2 gouttes de tabasco
1 pincée de cayenne
Sel et poivre noir

600 g (4 tasses) de petits morceaux de poulet cuit coupés en dés

LA PÂTE POUR 2 PÂTÉS

420 g (3 ½ tasses) de farine non blanchie
1 c. à café (1 c. à thé) de sel
250 ml (1 tasse) d'huile de canola
125 ml (½ tasse) d'eau froide
1 c. à café (1 c. à thé) de vinaigre balsamique

- Préchauffer le four à 230 °C (450 °F).
- Dans une casserole, blanchir tous les légumes de la macédoine dans l'eau salée, pendant 5 minutes. Bien les égoutter et les laisser refroidir.
- Pour faire le velouté : chauffer l'huile dans une casserole, à feu moyen-élevé, puis incorporer la farine. Bien mélanger. Lorsque le mélange bout, ajouter graduellement le bouillon, la sauce Worcestershire, le tabasco, le cayenne, le sel et le poivre, en brassant vigoureusement avec un fouet. Cuire jusqu'à ce que le velouté épaississe. Réserver.
- Pour faire la pâte : dans un bol, mélanger la farine et le sel. Dans un autre bol, mélanger l'huile, l'eau et le vinaigre balsamique. Incorporer graduellement les liquides aux éléments solides et former une boule de pâte. Séparer la pâte en 4 : 2 boules un peu plus grosses pour faire les fonds des pâtés et 2 boules un peu plus petites pour faire les couvercles des pâtés.
- Abaisser d'abord les 2 plus grosses boules avec un rouleau à pâtisserie. Pour éviter que la pâte ne colle au rouleau, on peut abaisser la pâte en l'emprisonnant entre 2 feuilles de papier ciré. Et pour éviter que le papier ne glisse sur la table, on peut mettre un linge à vaisselle humide en dessous.
- Déposer délicatement les 2 fonds de pâte dans 2 assiettes en aluminium ou dans 2 assiettes à tarte rondes de 20 cm (8 po) de diamètre.
- Pour faire la garniture des pâtés : mélanger les morceaux de poulet, le velouté et la macédoine de légumes. Verser la moitié du mélange de poulet dans chacune des assiettes.
- Abaisser ensuite les 2 autres boules de pâte pour faire les couvercles des pâtés. Les déposer sur le mélange de poulet, badigeonner les bords de pâte d'eau froide et sceller le tout en pressant les bords ensemble. À l'aide d'un couteau, faire de petites entailles sur le dessus des pâtés.
- Pour éviter que la croûte ne brûle au début de la cuisson, couvrir le rebord des pâtés d'un anneau de papier d'aluminium.
- Cuire les pâtés au four, à 230 °C (450 °F), pendant 10 minutes. Enlever l'anneau de papier d'aluminium, puis réduire la température à 180 °C (350 °F). Poursuivre la cuisson pendant encore 30 minutes.

Note

Ces pâtés se conservent très bien au congélateur.

Préparation
1 heure

Cuisson
40 minutes

ALLERGÈNES LES PLUS COMMUNS
soya, blé et poisson (anchois dans la sauce Worcestershire qui est facultative), peut contenir des sulfites (vinaigre)

Lorsque l'on remplace le vinaigre par du vinaigre balsamique, cela donne à la pâte une légère teinte dorée, comme si on y avait mis des œufs… C'est un truc de grand-maman Lucie !

Si vous trouvez de bonnes cuisses de canard confites sur le marché, voici une façon absolument délicieuse de les préparer. Le résultat ? Un régal gourmand… Le goût sucré des pommes se marie merveilleusement bien avec le confit de canard légèrement caramélisé dans le vinaigre balsamique.

ALLERGÈNES LES PLUS COMMUNS
peut contenir des sulfites (vinaigre)

Salade tiède de confit de canard

4 PORTIONS

4 cuisses de canard confites du commerce (bien vérifier les ingrédients)
2 c. à soupe d'huile d'olive
1 oignon rouge coupé en petits dés
2 pommes coupées en tranches d'environ 1 cm (½ po)
2 c. à soupe de vinaigre balsamique
Bébé roquette ou un mélange de laitue, pour servir
Poivre noir du moulin

- Désosser les cuisses de canard, en retirer toute la viande. Réserver. Dans un poêlon, faire revenir l'oignon rapidement dans l'huile d'olive, à feu moyen, puis ajouter les pommes.
- Lorsque les pommes commencent à ramollir, ajouter les morceaux de canard au contenu du poêlon et les laisser juste le temps qu'il faut pour les réchauffer. Augmenter à feu moyen-élevé et ajouter le vinaigre balsamique. Laisser caraméliser pendant 3 ou 4 minutes.
- Servir avec les Pommes de terre rissolées à l'ail et au persil (p. 156), sur un lit de bébé roquette. Poivrer directement dans chacune des assiettes.

Préparation
20 minutes

Croquettes de poulet au miel

4 PORTIONS

LA MARINADE

2 c. à soupe de jus de citron fraîchement pressé
60 ml (¼ tasse) de miel
60 ml (¼ tasse) d'huile d'olive
1 grosse gousse d'ail passée au presse-ail
½ c. à café (½ c. à thé) de thym séché
1 c. à café (1 c. à thé) de basilic séché
½ c. à café (½ c. à thé) de sel
Poivre noir

700 à 800 g (1 ½ à 1 ¾ lb) de blancs de poulet coupés en gros morceaux

LA CHAPELURE

Quelques tranches de pain sec permis (voir note p. 43)
½ c. à café (½ c. à thé) de sel

EN ACCOMPAGNEMENT

Sauce barbecue (p. 162) et/ou ketchup et/ou miel

ALLERGÈNES LES PLUS COMMUNS
blé

- Dans un sac en plastique qui ferme hermétiquement, mettre tous les ingrédients de la marinade. Ajouter le poulet et mélanger. Mettre ensuite le sac au réfrigérateur et le laisser de 2 à 4 heures.
- Préchauffer le four à 180 °C (350 °F). Pour faire la chapelure : utiliser quelques tranches de pain bien sec, les écraser, puis les tamiser pour en retirer les gros morceaux. Il faudra environ 30 g (½ tasse) de chapelure pour faire cette recette. Mélanger le sel à la chapelure.
- Retirer les morceaux de poulet de la marinade, puis jeter la marinade. Égoutter le poulet et l'enrober généreusement de chapelure.
- Cuire ensuite ces jolies croquettes au four sur une tôle à biscuits légèrement huilée pendant 40 minutes. Il n'est pas nécessaire de retourner le poulet en cours de cuisson.
- Pour les manger, tremper ces petites bouchées dans la Sauce barbecue, dans du miel ou dans du ketchup.

Marinade
2 à 4 heures

Préparation
20 minutes

Cuisson
40 minutes

Nouilles thaïlandaises épicées au poulet

4 PORTIONS

Un paquet de 454 g (1 lb) de nouilles de riz plates
3 c. à soupe de sauce soya (voir note p. 44)
60 ml (¼ tasse) d'huile de canola
4 grosses gousses d'ail
½ c. à café (½ c. à thé) de sambal olek ou de piment en flocons
400 g (14 oz) de blancs de poulet coupés en petits morceaux
2 c. à café (2 c. à thé) de sucre
3 c. à soupe de sauce de poisson (vérifier les ingrédients)
Une vingtaine de feuilles de basilic thaïlandais, ciselées

- Dans une casserole, cuire les nouilles de riz selon le mode d'emploi qui figure sur l'emballage. Les rincer ensuite à l'eau froide pour interrompre la cuisson, puis les mélanger avec la sauce soya afin qu'elles en soient bien imprégnées.
- Dans un grand poêlon antiadhésif, chauffer l'huile à feu moyen. Émincer l'ail ou le passer au presse-ail, puis le mettre dans l'huile préchauffée avec le sambal olek ou le piment en flocons. Laisser frémir pendant quelques instants en mélangeant bien, mais sans laisser brunir l'ail.
- Augmenter ensuite à feu moyen-élevé, puis ajouter les morceaux de poulet. Les faire sauter de 5 à 7 minutes, en remuant souvent, ou jusqu'à ce que le poulet soit cuit. Ajouter le sucre et la sauce de poisson, bien mélanger et poursuivre la cuisson encore pendant environ 2 minutes.
- Ajouter les nouilles de riz et le basilic thaïlandais au contenu du poêlon. Bien mélanger le tout pendant que les nouilles se réchauffent doucement. Dès que les nouilles sont bien chaudes, c'est prêt.
- Servir sans tarder avec les Petits légumes sautés à l'asiatique (p. 161).

ALLERGÈNES LES PLUS COMMUNS

soya et poisson (anchois dans la sauce de poisson), peut contenir du blé (sauce soya).

SUBSTITUT SUGGÉRÉ POUR LA SAUCE DE POISSON

quantité équivalente d'eau et un peu de sel

Vous pouvez aussi utiliser du basilic ordinaire. La saveur de ce plat ne sera pas aussi exotique, mais il aura tout de même un agréable parfum.

Préparation
30 minutes

Le basilic thaïlandais donne une saveur unique à ce plat tout simple à préparer. On peut se le procurer dans les épiceries asiatiques ou, mieux, en cultiver dans son jardin. Personnellement, lorsque je fais une virée à l'épicerie asiatique, j'en profite pour en acheter de grandes quantités, car il se conserve plusieurs mois au congélateur, hermétiquement emballé dans un sac en plastique.

Il s'agit d'une recette de la mère de Jean-Sébastien. Assurez-vous d'avoir une grande casserole, car vous aurez beaucoup de couscous. Mais comme les restes se congèlent, vous en aurez pour nourrir votre famille pour plus d'un repas !

Couscous au poulet et aux légumes

- Saler légèrement les morceaux de poulet. Dans une grande casserole, chauffer l'huile d'olive, à feu moyen. Y faire dorer les morceaux de poulet pendant une dizaine de minutes, en remuant souvent, pour ne pas qu'ils collent. Lorsqu'ils sont bien dorés, les retirer de la casserole. Réserver.
- Jeter l'excédent de graisse au fond de la casserole. Bien gratter le fond pour détacher les sucs laissés par le poulet. Remettre un peu d'huile d'olive et faire suer l'oignon, l'ail, les pommes de terre, les carottes, les haricots, le fenouil et le navet pendant 10 minutes.
- Ajouter les tomates, la pâte de tomate, le bouillon, les pois chiches, la sauce harissa, les raisins secs, l'origan, le basilic et le thym. Porter à ébullition. Remettre ensuite les morceaux de poulet dans la casserole et laisser mijoter pendant environ 40 minutes.
- Ajouter finalement les courgettes et les poivrons. Poursuivre la cuisson pendant une vingtaine de minutes.
- Rectifier l'assaisonnement et servir sur un lit de semoule, accompagné d'un doigt de sauce harissa.

ALLERGÈNES LES PLUS COMMUNS
blé (dans la semoule), peut contenir des sulfites (raisins secs)

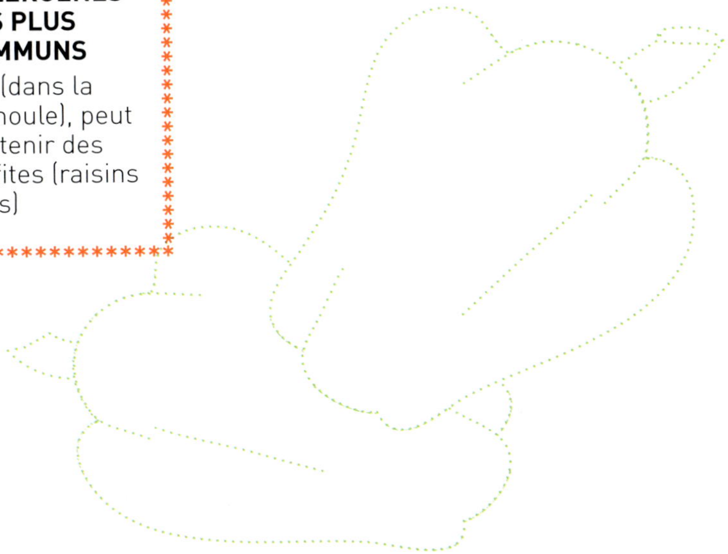

Préparation
1 heure

Cuisson
1 heure

8 À 10 PORTIONS

3 c. à soupe d'huile d'olive
Sel
1 poulet de 2 kg (4 ½ lb) coupé en 8 morceaux
3 c. à soupe d'huile d'olive
1 oignon coupé en 4
4 gousses d'ail écrasées avec le côté plat d'un couteau
4 pommes de terre coupées en 4
4 carottes coupées en tronçons de 5 cm (2 po)
250 g (1 ⅔ tasse) de haricots
1 bulbe de fenouil coupé en 8
1 navet coupé en gros morceaux
1 boîte de 796 ml (28 oz) de tomates en conserve
2 c. à soupe de pâte de tomate
800 ml (3 ¼ tasses) de Bouillon de poulet maison (p. 81) ou de bouillon de poulet du commerce permis
1 boîte de pois chiches de 398 ml (14 oz) égouttés et rincés
1 c. à café (1 c. à thé) de sauce harissa ou plus, pour les amateurs de plats épicés (bien lire les ingrédients)
75 g (½ tasse) de raisins secs
2 c. à café (2 c. à thé) d'origan
2 c. à café (2 c. à thé) de basilic
1 c. à café (1 c. à thé) de thym
2 petites courgettes coupées en grosses rondelles
1 poivron rouge, épépiné et coupé en larges lanières
1 poivron vert, épépiné et coupé en larges lanières
Sel et poivre noir, au goût

POUR SERVIR

Semoule de blé cuite selon le mode d'emploi qui figure sur l'emballage
Un peu de sauce harissa (bien lire les ingrédients)

Saumon teriyaki

4 PORTIONS

LA MARINADE

180 ml (¾ tasse) de saké
180 ml (¾ tasse) de sauce soya (voir note p. 44)
180 ml (¾ tasse) de mirin
2 c. à café (2 c. à thé) de gingembre moulu

800 g (1 ¾ lb) de filet de saumon, dans la partie la plus épaisse, avec la peau
3 c. à soupe de sucre ou de cassonade
Poivre noir
Gingembre mariné (facultatif)

- Préchauffer le four à 230 °C (450 °F). Dans un bol, mélanger le saké, la sauce soya, le mirin et le gingembre moulu. Faire mariner le saumon dans cette préparation de 20 à 30 minutes.
- Sortir délicatement le saumon de la marinade. Conserver la marinade. Déposer le saumon dans une rôtissoire ou dans un plat allant au four dont le fond est couvert de papier d'aluminium, pour faciliter le nettoyage.
- Laisser cuire le saumon au four pendant environ 20 minutes.
- Entre-temps, mélanger le sucre à la marinade. Porter à ébullition dans une petite casserole. Poursuivre la cuisson à feu moyen-élevé pendant une dizaine de minutes, jusqu'à ce que la sauce ait la consistance d'un sirop.
- Lorsque le saumon est cuit, le napper d'un filet de sauce. Poivrer. Servir aussitôt que le poisson est sorti du four et le décorer, si désiré, avec de petites tranches de gingembre mariné.
- Ce plat se sert très bien avec du riz japonais et les Champignons shiitake sautés (p. 161).

Note

Le mirin est un alcool de riz doux. On en trouve souvent à l'épicerie.

ALLERGÈNES LES PLUS COMMUNS

soya et poisson, peut contenir du blé (sauce soya)

Marinade
20 à 30 minutes

Préparation
10 minutes

Cuisson
environ 20 minutes

Voici une recette d'inspiration japonaise, qui se prépare rapidement. C'est Simon, mon beau-frère, qui a adapté cette recette pour nous recevoir. Il y a de ces efforts que l'on apprécie et qui font en sorte que l'on peut se sentir en sécurité, même si l'on n'est pas à la maison. Ceux qui souffrent d'allergies alimentaires savent que ce n'est pas fréquent !

Pâtés au saumon

Donne 2 pâtés de 20 cm (8 po)

4 grosses pommes de terre coupées en gros cubes
½ c. à café (½ c. à thé) de sel
2 c. à soupe de margarine sans produits laitiers (voir note p. 43)
¼ c. à café (¼ c. à thé) de poivre noir
3 boîtes de 213 g (7 ½ oz) de saumon émietté sans la peau, dont on réserve le jus, il devrait y en avoir environ 160 ml (⅔ tasse)
1 c. soupe d'huile d'olive
1 oignon haché finement
60 g (½ tasse) de céleri haché finement

LA PÂTE POUR 2 PÂTÉS

420 g (3 ½ tasses) de farine non blanchie
1 c. à café (1 c. à thé) de sel
250 ml (1 tasse) d'huile de canola
125 ml (½ tasse) d'eau froide
1 c. à café (1 c. à thé) de vinaigre balsamique

Ces pâtés se congèlent merveilleusement bien. C'est pourquoi je vous donne la recette pour en faire deux à la fois.

ALLERGÈNES LES PLUS COMMUNS
poisson, soya et blé, peut contenir des sulfites (vinaigre)

- Dans une casserole, cuire les pommes de terre dans de l'eau légèrement salée. Les réduire en purée, tout en ajoutant la margarine, le poivre et le jus du saumon.
- Dans un poêlon, chauffer l'huile à feu moyen et y faire revenir l'oignon et le céleri de 4 à 5 minutes. Incorporer les légumes aux pommes de terre en purée, puis incorporer le saumon émietté.
- Pour faire la pâte : dans un bol, mélanger la farine et le sel. Dans un autre bol, mélanger l'huile, l'eau et le vinaigre balsamique. Incorporer graduellement les liquides aux éléments solides et former une boule de pâte. Séparer la pâte en 4 : 2 boules un peu plus grosses pour faire les fonds des pâtés et 2 boules un peu plus petites pour faire les couvercles des pâtés.
- Abaisser d'abord les 2 plus grosses boules avec un rouleau à pâtisserie. Pour éviter que la pâte ne colle au rouleau, on peut abaisser la pâte en l'emprisonnant entre 2 feuilles de papier ciré. Et pour éviter que le papier ne glisse sur la table, on peut mettre un linge à vaisselle humide en dessous.
- Déposer délicatement les 2 fonds de pâte dans 2 assiettes en aluminium ou dans 2 assiettes à tarte rondes de 20 cm (8 po) de diamètre. Verser la moitié de la préparation de saumon dans chacune des 2 assiettes.
- Abaisser ensuite les 2 autres boules de pâte pour faire les couvercles des pâtés. Les déposer sur le mélange de saumon, badigeonner les bords de pâte d'eau froide et sceller le tout en pressant les bords ensemble. À l'aide d'un couteau, faire de petites entailles sur le dessus des pâtés.
- Pour éviter que la croûte ne brûle au début de la cuisson, couvrir le rebord des pâtés d'un anneau de papier d'aluminium.
- Cuire les pâtés au four, à 230 °C (450 °F), pendant 10 minutes. Enlever l'anneau de papier d'aluminium, puis réduire la température à 180 °C (350 °F). Poursuivre la cuisson pendant encore 20 à 25 minutes.

Préparation
1 heure

Cuisson
35 minutes

Pangasius au curry indien

4 PORTIONS

Sel
4 filets de pangasius
2 c. à soupe d'huile végétale
3 gousses d'ail émincées
1 oignon émincé
2 c. à soupe de coriandre moulue
3 c. à soupe de cumin moulu
1 c. à soupe de curcuma moulu
½ c. à café (½ c. à thé) de sambal olek ou de piment en flocons
2 c. à soupe de pâte de tomate
250 ml (1 tasse) d'eau
Coriandre hachée

EN ACCOMPAGNEMENT

Riz basmati
Papadums (vérifier la liste des ingrédients)

ALLERGÈNES LES PLUS COMMUNS
poisson

- Saler les filets de poisson. Dans un grand poêlon, chauffer l'huile d'olive à feu élevé. Saisir les filets pendant 30 secondes de chaque côté. Les retirer délicatement du poêlon pour éviter de les briser et les réserver.
- Dans le même poêlon, faire revenir l'ail et l'oignon pendant quelques secondes. Ajouter la coriandre, le cumin, le curcuma et le sambal olek et poursuivre encore un peu la cuisson. Incorporer ensuite la pâte de tomate et l'eau. Laisser mijoter à feu doux pendant 3 minutes. Saler.
- Remettre les filets de poisson dans le poêlon pour qu'ils finissent de cuire. Ils sont prêts lorsqu'ils se défont facilement avec une fourchette et que l'intérieur n'est plus gélatineux. Les retourner une seule fois, après environ 2 minutes de cuisson. Attention, il ne faut pas trop cuire le poisson, car ce plat se transformerait en une sorte de bouillie peu ragoûtante...
- Au moment de servir, napper chacun des filets de sauce et les parsemer de coriandre fraîche. Servir avec un riz basmati.

Note
Les papadums sont des galettes d'origine indienne faites avec de la farine de lentilles. On en trouve facilement à l'épicerie. Faites-les frire quelques secondes seulement dans de l'huile végétale très chaude. Ils prendront aussitôt la consistance de chips. Mes enfants les adorent !

J'ai choisi le pangasius pour faire cette recette, parce que c'est l'un des poissons blancs les plus fermes que l'on trouve sur le marché.

Préparation
30 minutes

Tilapia à la méditerranéenne

- Dans une casserole, faire revenir rapidement l'ail et l'oignon dans l'huile d'olive, à feu moyen-élevé. Ajouter les tomates, les olives, les câpres et le sucre. À feu moyen, laisser les tomates ramollir pendant une dizaine de minutes, puis ajouter les herbes fraîches et le tabasco, si désiré.
- Déposer dans la casserole les filets de tilapia, puis y verser un peu de sauce tomate. Couvrir et cuire de nouveau pendant une dizaine de minutes, jusqu'à ce que l'intérieur du poisson soit cuit. Éviter de trop remuer pour ne pas que les filets de poisson se défassent. Au moment de servir, parsemer de poivre fraîchement moulu.
- Servir ce plat avec des haricots verts cuits à la vapeur et des pommes de terre grelots coupées en 2, nappées d'un peu de coulis de tomates.

ALLERGÈNES LES PLUS COMMUNS
poisson, peut contenir des sulfites (câpres et tabasco)

Je ne suis pas une fanatique de poisson blanc, mais cette recette toute simple, vite préparée et pleine de saveur, sait toujours me ravir. L'été, je la prépare avec des herbes fraîches et cela fait toute la différence...

Préparation
30 minutes

4 PORTIONS

2 gousses d'ail émincées
1 oignon coupé en petits dés
2 c. à soupe d'huile d'olive
12 tomates cerises coupées en 2
Une vingtaine d'olives noires Kalamata (vérifier les ingrédients)
2 c. à soupe de câpres égouttées
1 c. à café (1 c. à thé) de sucre
Un petit bouquet de basilic frais
Quelques branches de thym
4 feuilles de sauge
Quelques gouttes de tabasco (facultatif) (bien lire les ingrédients)
600 g (env. 1 ¼ lb) au total de filets de tilapia ou d'un autre poisson blanc
Poivre noir du moulin, au goût

Vivaneau mariné aux fines herbes fraîches

4 PORTIONS

600 g (env. 1 ¼ lb) au total de filets de vivaneau, de plie, de cabillaud ou de mérou

LA MARINADE

60 ml (¼ tasse) d'huile d'olive
1 c. à soupe de jus de citron fraîchement pressé
1 c. à café (1 c. à thé) d'herbes de Provence
Quelques brins de persil ciselés
Quelques brins de ciboulette ciselés
Sel et poivre noir du moulin

POUR LA CUISSON

1 c. à soupe d'huile d'olive

- Mariner le poisson avec tous les ingrédients de la marinade pendant une bonne demi-heure.
- Dans une casserole, chauffer l'huile à feu élevé. Y déposer les filets de poisson et les cuire quelques minutes de chaque côté, en ne les retournant qu'une seule fois. Ils sont prêts dès qu'ils se défont facilement avec une fourchette.
- Servir ce poisson avec le Riz aux tomates (p. 160) ou encore avec des pommes de terre et un peu de Salsa mexicaine (p. 153).

ALLERGÈNES LES PLUS COMMUNS
poisson

Marinade
30 minutes

Préparation
20 minutes

Utilisez les fines herbes que vous avez et amusez-vous à faire des variantes ! Il n'y a pas de recette plus simple, et sa réussite est directement liée à la fraîcheur du poisson.

Cette recette est extrêmement simple et se fait rapidement, mais sa présentation est spectaculaire.

Saumon aux tomates cerises et au basilic croustillant

- Préchauffer le four à 230 °C (450 °F), attention, il faut que le four soit à la bonne température au moment de cuire le saumon.
- Utiliser une tôle à biscuits assez grande pour pouvoir y déposer le filet de saumon. Couvrir entièrement la tôle d'un grand morceau de papier d'aluminium et le badigeonner généreusement d'huile d'olive. Y déposer le filet de saumon, côté peau vers le bas.
- Déposer les morceaux de poireau sur le poisson et tout autour de celui-ci. Décorer ensuite le saumon avec les tranches de citron, les rondelles d'oignon, les tomates cerises et la ciboulette. Finir par les feuilles de basilic, afin que celles-ci soient sur le dessus.
- Parsemer généreusement de gros sel et de poivre du moulin. Le plat est prêt à mettre au four.
- Cuire au four de 20 à 25 minutes, selon l'épaisseur du filet. Les feuilles de basilic, parsemées de gros sel, deviendront croustillantes et savoureuses...
- À l'aide d'une fourchette, écraser légèrement les tranches de citron et les tomates sur le poisson, juste avant de servir.
- Cette recette est délicieuse accompagnée d'un riz sauvage et de la rafraîchissante Salade de fenouil et de mandarines (p. 51).

4 PORTIONS

3 c. à soupe d'huile d'olive
Un beau filet de saumon d'environ 800 g (1 ¾ lb)
2 poireaux lavés et coupés en tout petits morceaux
1 citron coupé en tranches
½ oignon rouge coupé en rondelles
Une dizaine de tomates cerises coupées en 2
Ciboulette fraîche, ciselée
Au moins 20 feuilles de basilic frais
Gros sel et poivre noir du moulin, au goût

ALLERGÈNES LES PLUS COMMUNS
poisson

Préparation
15 minutes

Cuisson
25 minutes

Vol-au-vent au saumon et au poireau

4 PORTIONS

1 paquet de 6 vol-au-vent surgelés
60 g (¼ tasse) de margarine sans produits laitiers (voir note p. 43)
30 g (¼ tasse) de farine
500 ml (2 tasses) de boisson de soya
500 ml (2 tasses) de Bouillon de poulet maison (p. 81) ou de bouillon de poulet du commerce permis
½ barquette, soit env. 115 g (4 oz) de champignons de Paris émincés
1 poireau émincé (la partie blanche)
Quelques brins d'aneth ciselés
2 boîtes de saumon de 213 g (7 ½ oz), égoutté, ou quantité équivalente de saumon frais, coupé en petits morceaux
Sel et poivre noir, au goût

- Cuire les vol-au-vent selon le mode d'emploi qui figure sur l'emballage.
- Entre-temps, dans une grande casserole, faire fondre la margarine à feu moyen. Ajouter la farine et brasser vigoureusement jusqu'à ce que les ingrédients soient bien mélangés. Porter à ébullition.
- Verser graduellement la boisson de soya et le bouillon de poulet, en remuant bien, tout en continuant à chauffer le mélange à feu moyen.
- Lorsque la sauce commence à épaissir, ajouter les champignons, le poireau et l'aneth. Poursuivre la cuisson à feu moyen pendant environ 5 minutes ou jusqu'à ce que la sauce ait la consistance désirée. Juste avant de servir, incorporer le saumon à la sauce. Remuer à peine, pour le mélanger et le réchauffer. Si l'on utilise du saumon frais, laisser cuire encore quelques minutes. Saler et poivrer généreusement.
- Lorsque les vol-au-vent sont chauds, les napper de cette sauce onctueuse et servir.

ALLERGÈNES LES PLUS COMMUNS
poisson, soya et blé

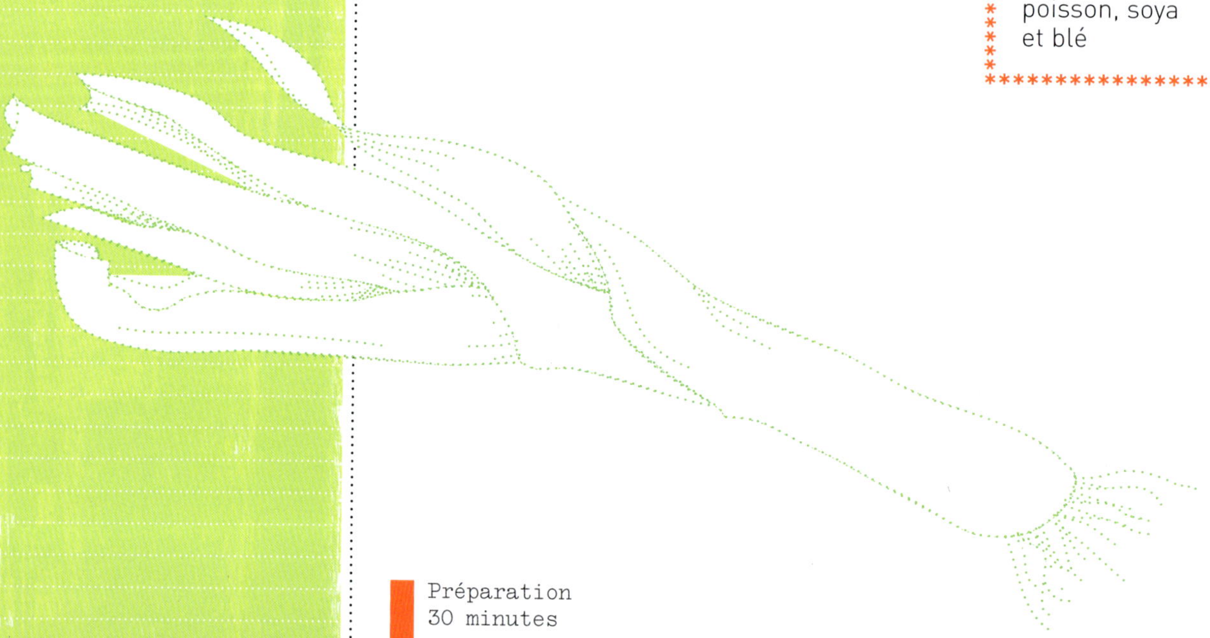

Préparation
30 minutes

Des vol-au-vent et une sauce béchamel sans produits laitiers ! Vous trouverez parmi les produits surgelés du supermarché des vol-au-vent qui ne contiennent ni beurre ni œufs. Pour varier un peu le menu, je vous donne aussi la recette des Vol-au-vent au poulet (p. 87).

Tacos au bœuf

4 à 6 PORTIONS

2 c. à soupe d'huile d'olive
2 gousses d'ail
1 oignon émincé
680 g (1 ½ lb) de bœuf haché maigre
1 barquette de 227 g (8 oz) de champignons de Paris hachés
65 g (¼ tasse) de pâte de tomate
½ c. à café (½ c. à thé) de piment en flocons
1 ½ c. à soupe de cumin
1 ½ c. à soupe de coriandre moulue
1 c. à café (1 c. à thé) de sucre
250 ml (1 tasse) d'eau
Le jus de ½ citron vert, fraîchement pressé
Sel
Une douzaine de tortillas du commerce (dures ou molles)

LA GARNITURE

Laitue, poivron vert et tomates en petits dés, carottes râpées, coriandre fraîche...

- Dans un poêlon, faire revenir l'ail et l'oignon dans l'huile, sans les faire brunir. Ajouter le bœuf haché et cuire jusqu'à ce qu'il ait perdu sa couleur rosée. Incorporer les champignons hachés. Poursuivre la cuisson pendant 3 ou 4 minutes.
- Ajouter la pâte de tomate, le piment en flocons, le cumin, la coriandre, le sucre et l'eau. Faire réduire ce mélange pendant une quinzaine de minutes ou jusqu'à ce qu'il n'y ait presque plus de liquide. Ajouter le jus de citron vert. Saler généreusement.
- Pour servir, mettre quelques cuillerées à soupe de ce mélange dans des tortillas préalablement réchauffées au four, selon le mode d'emploi qui figure sur l'emballage.
- Pour terminer, chacun peut mettre dans son taco les ingrédients de la garniture, la Salsa mexicaine (p. 153) et/ou la Guacamole maison (p. 153). Les enfants adorent cette façon de composer leur propre plat...

ALLERGÈNES LES PLUS COMMUNS
protéines bovines, peut contenir du blé et/ou du maïs (tortillas)

SUBSTITUT SUGGÉRÉ POUR LE BŒUF
petits morceaux de poulet

Préparation
30 minutes

On trouve à l'épicerie des mélanges d'épices en poudre pour faire les tacos, mais cuisiner soi-même la garniture, ce n'est pas compliqué et c'est tellement meilleur ! De plus, j'imagine que, comme nous, vous aimez connaître la composition de ce que vous mangez…

Curry de bœuf et de petits pois

4 PORTIONS

2 c. à soupe d'huile végétale
1 oignon émincé
1 gousse d'ail émincée
Un morceau de 5 cm (2 po) de gingembre frais, haché
1 c. à soupe de coriandre moulue
1 c. à soupe de cumin moulu
1 c. à soupe de curcuma
125 ml (½ tasse) d'eau
4 pommes de terre de grosseur moyenne, coupées en petits cubes
800 g (1 ¾ lb) de bœuf haché
140 g (1 tasse) de petits pois surgelés
160 ml (⅔ tasse) de lait de coco
Coriandre fraîche, pour servir

EN ACCOMPAGNEMENT

Papadums (bien lire les ingrédients)

- Chauffer l'huile dans une casserole, y faire revenir l'oignon, l'ail et le gingembre pendant 2 minutes, à feu moyen. Ajouter ensuite la coriandre, le cumin et le curcuma et poursuivre la cuisson pendant 1 minute.
- Incorporer l'eau et les pommes de terre. Cuire pendant une dizaine de minutes. Augmenter à feu moyen-élevé et ajouter le bœuf haché. Cuire jusqu'à ce que le bœuf ait perdu sa couleur rosée.
- Ajouter ensuite les petits pois, directement sortis du congélateur, et le lait de coco, puis baisser à feu moyen. Poursuivre la cuisson pendant une dizaine de minutes ou jusqu'à ce que le surplus de liquide soit évaporé.
- Pour servir, garnir de coriandre fraîche. Pour une ambiance encore plus indienne, accompagner ce plat de papadums !

Note

Les papadums sont des galettes d'origine indienne faites avec de la farine de lentilles. On en trouve facilement à l'épicerie. Faites-les frire quelques secondes seulement dans de l'huile végétale très chaude. Ils prendront aussitôt la consistance de chips. Mes enfants les adorent !

ALLERGÈNES LES PLUS COMMUNS

protéines bovines, peut contenir des sulfites (lait de coco)

Les ingrédients de base de cette recette : du bœuf haché, des pommes de terre et des petits pois. Rien de très excitant, me direz-vous… Pourtant, avec les épices que je vous propose d'y ajouter, vous aurez un plat d'inspiration indienne simple à préparer, qui sort vraiment de l'ordinaire !

Préparation
35 minutes

Filets de porc aux herbes de Provence

4 PORTIONS

500 ml (2 tasses) de Bouillon de poulet maison (p. 81) ou de bouillon de poulet du commerce permis
1 c. à soupe d'herbes de Provence

4 gousses d'ail
2 filets de porc de 350 g (12 oz)
Sel et poivre noir fraîchement moulu
2 c. à soupe d'herbes de Provence

- Dans une rôtissoire, verser le bouillon mélangé avec 1 c. à soupe d'herbes de Provence.
- Couper les gousses d'ail en 4, dans le sens de la longueur. Faire de petites incisions dans les filets de porc et insérer un morceau d'ail dans chacune des incisions.
- Saler et poivrer les filets, avant de les couvrir généreusement d'herbes de Provence. Les déposer sur la grille de la rôtissoire.
- Recouvrir les filets et la rôtissoire d'un papier d'aluminium : le liquide qui s'évaporera rendra la viande encore plus juteuse. Cuire au four pendant 25 minutes.

Préparation
15 minutes

Cuisson
25 minutes

ALLERGÈNES LES PLUS COMMUNS
peut contenir du blé (herbes de Provence)

Veau Marengo

6 PORTIONS

1 kg (2 ¼ lb) de veau en cubes
3 c. à soupe d'huile d'olive
2 c. à soupe de farine
2 c. à soupe de vinaigre de vin rouge
500 ml (2 tasses) de Bouillon de poulet maison (p. 81)
270 g (1 tasse) de tomates concassées en conserve
5 c. à soupe de pâte de tomate
1 oignon moyen coupé en dés
3 gousses d'ail émincées
1 c. à soupe de persil haché
Une feuille de laurier
1 c. à café (1 c. à thé) d'herbes de Provence
1 pincée de cayenne
Sel et poivre noir, au goût
1 boîte d'olives noires de 398 ml (14 oz) en tranches, égouttées
Une barquette de 225 g (8 oz) de champignons tranchés
1 boîte de 500 g (env. 1 lb) de fettuccinis (voir note sur les pâtes alimentaires p. 43)

- Préchauffer le four à 150 °C (300 °F). Dans une cocotte allant au four, faire dorer rapidement le veau dans l'huile, à feu vif. Saupoudrer les cubes de viande de farine et cuire encore pendant 1 minute, à feu moyen. Retirer les cubes de la cocotte et réserver.
- Déglacer la cocotte au vinaigre de vin et laisser réduire le liquide de moitié. Remettre le veau dans la cocotte, puis ajouter le bouillon, les tomates et la pâte de tomate. Porter à ébullition, puis ajouter l'oignon, l'ail, le persil, la feuille de laurier, les herbes de Provence et le cayenne. Saler et poivrer.
- Couvrir et cuire au four pendant environ 1 heure. Ajouter les olives et les champignons. Poursuivre la cuisson pendant encore une quinzaine de minutes. Entre-temps, cuire les pâtes.
- Servir généreusement des cubes de veau avec de la sauce, sur un lit de fettuccinis encore fumants.

Variante : On peut remplacer le veau par du poulet.

ALLERGÈNES LES PLUS COMMUNS
blé et protéines bovines, peut contenir des sulfites (vinaigre)

Préparation
30 minutes

Cuisson
1 h 15

Curry d'agneau indien

4 PORTIONS

- 100 g (½ tasse) de tofu soyeux mou
- 2 c. à soupe d'huile végétale
- 1 oignon émincé
- ½ c. à café (½ c. à thé) de cayenne
- ¼ c. à café (¼ c. à thé) de clou de girofle moulu
- 1 c. à soupe de coriandre moulue
- 1 c. à soupe de cumin
- 1 c. à café (1 c. à thé) de cardamome en poudre
- 1 c. à café (1 c. à thé) de curcuma
- Un morceau de 5 cm (2 po) de gingembre frais, râpé
- 1 boîte de tomates broyées de 398 ml (14 oz)
- 1 c. à café (1 c. à thé) de sel
- 800 g (1 ¾ lb) de cubes d'agneau dégraissés
- 1 c. à café (1 c. à thé) de garam masala (facultatif)
- 2 c. à soupe de haricots de soya grillés, légèrement concassés (facultatif)
- Quelques feuilles de coriandre fraîche, ciselées

- Passer le tofu au robot culinaire pendant 1 minute, jusqu'à l'obtention d'une texture crémeuse, semblable à celle du yogourt.
- Dans un poêlon, chauffer l'huile à feu moyen et y faire revenir l'oignon pendant 1 ou 2 minutes. Ajouter le cayenne, le clou de girofle, la coriandre, le cumin, la cardamome, le curcuma et le gingembre. Poursuivre la cuisson pendant 1 minute encore, puis incorporer le tofu, les tomates et le sel. Laisser mijoter pendant 5 minutes.
- Ajouter les cubes d'agneau, couvrir et cuire pendant au moins 1 heure, à feu doux, ou jusqu'à ce que la viande soit tendre.
- Augmenter à feu moyen-élevé pour que l'excès de liquide, s'il y a lieu, s'évapore. Incorporer le garam masala.
- Pour servir, garnir de haricots de soya, si désiré, et de coriandre fraîche. Servir avec du riz basmati.

Notes

Le garam masala est un mélange d'épices très parfumé. Lisez bien tous les ingrédients avant d'en offrir à une personne allergique.

On peut utiliser la technique expliquée en haut de cette page pour la plupart des recettes qui contiennent du yogourt.

ALLERGÈNES LES PLUS COMMUNS

soya, peut contenir du blé (cayenne)

Plusieurs personnes qui souffrent d'allergies doivent bannir la nourriture des restaurants indiens. Elle contient trop de mélanges d'épices difficiles à identifier, du yogourt, du beurre clarifié, etc. Si on aime la véritable nourriture indienne, il faut arriver à recréer une petite partie de Bombay dans sa cuisine et faire preuve d'un peu d'audace pour adapter certaines recettes traditionnelles. Cette recette comporte plusieurs épices, mais vous n'êtes pas obligés de les utiliser toutes. N'utilisez que celles dont vous êtes sûrs.

Préparation
20 minutes

Cuisson
env. 1 heure

Carré d'agneau au romarin

- Mélanger tous les ingrédients de la marinade dans un sac ziplock. Faire mariner les carrés d'agneau dans le sac pendant 1 ou 2 heures.
- Préchauffer le four à 180 °C (350 °F). Dans une rôtissoire, déposer les carrés d'agneau, deux par deux, pour que les côtes s'entrecroisent. Les couvrir de moutarde de Meaux.
- Cuire les carrés pendant environ 30 minutes. Les retirer de la rôtissoire, puis les déposer dans une assiette. Les couvrir de papier d'aluminium pendant quelques minutes, afin de laisser le temps aux jus de bien se répartir dans la viande.
- Déglacer finalement la rôtissoire au vinaigre de vin, en grattant le fond avec une cuillère en bois, pour détacher les sucs qui y sont restés collés. Faire légèrement réduire le liquide pendant 1 ou 2 minutes pour obtenir la succulente sauce qui accompagnera ce plat.

ALLERGÈNES LES PLUS COMMUNS
moutarde (facultatif), sulfites (moutarde), peut contenir des traces d'œufs ou de lait dans le vin rouge et présence assurée de sulfites

Voici le plat parfait pour les jours de fête ! On se demande souvent quoi servir aux personnes allergiques dans de grandes occasions, ce carré d'agneau est tout à fait savoureux… et tout à fait indiqué.

Marinade
1 ou 2 heures

Préparation
15 minutes

Cuisson
30 minutes

4 PORTIONS

LA MARINADE

250 ml (1 tasse) de vin rouge (voir note p. 44)
Quelques brins de romarin ciselés
3 gousses d'ail écrasées
2 c. à soupe d'huile d'olive
1 gros oignon rouge
Sel et poivre noir

4 portions de quelques côtes de carré d'agneau
4 c. à soupe de moutarde de Meaux (facultatif)
60 ml (¼ tasse) de vinaigre de vin rouge

Sauce à spaghetti de Julie

10 PORTIONS OU PLUS

2 gros oignons émincés
4 grosses gousses d'ail émincées
3 c. à soupe d'huile d'olive
454 g (1 lb) de bœuf haché maigre
3 ou 4 boîtes de 796 ml (28 oz) de tomates italiennes en conserve ou de tomates fraîches grossièrement coupées et pelées
125 ml (½ tasse) de vin rouge (voir note p. 44) (facultatif)
3 grosses carottes coupées en petits dés
2 poivrons verts coupés en petits dés
1 courgette coupée en petits dés
3 branches de céleri coupées en petits dés
1 barquette de 227 g (8 oz) de champignons de Paris coupés en petits dés
135 g (1 tasse) d'olives noires Kalamata (bien lire les ingrédients)
1 ou 2 piments forts entiers
1 sac de 180 g (6 oz) d'épinards émincés
Une grosse botte de basilic frais, émincé
2 feuilles de laurier
Quelques branches de thym frais
1 c. à soupe d'origan séché
5 feuilles de sauge fraîche
1 c. à soupe de sucre
Sel et poivre noir fraîchement moulu, au goût

- Dans une grande casserole, faire revenir les oignons et l'ail dans l'huile, à feu moyen, jusqu'à ce que les oignons commencent à devenir translucides. Ajouter le bœuf haché et cuire jusqu'à ce qu'il ait perdu sa couleur rosée. Retirer le maximum de gras de la casserole, puis ajouter les tomates. Bien mélanger.
- Ajouter tous les autres ingrédients au contenu de la casserole. Garder les piments forts entiers. Porter doucement la sauce à ébullition et laisser mijoter à feu très doux pendant 2 heures.
- Quand la sauce a bien mijoté, retirer les piments et rectifier l'assaisonnement. Servir sur ses pâtes préférées.

Note

Pour peler les tomates : à l'aide d'un couteau, faites une croix à l'une des extrémités des tomates. Plongez-les ensuite dans l'eau bouillante pendant quelques secondes. La peau s'enlèvera alors facilement.

ALLERGÈNES LES PLUS COMMUNS

protéines bovines, blé (dans les pâtes), peut contenir des traces de lait ou d'œufs dans le vin rouge qui est facultatif, peut contenir des sulfites (dans le vin également)

SUBSTITUT SUGGÉRÉ POUR LE BLÉ

pâtes à base de riz

Pendant la cuisson de la sauce, les odeurs qui se répandront dans la maison vous feront saliver jusqu'au repas. Si vous voulez congeler les restes, je vous suggère d'attendre au lendemain, les saveurs auront ainsi toute la nuit pour continuer leur heureux mariage…

Préparation
1 h 30

Cuisson
2 heures

À l'automne, au moment
où les marchés regorgent de bons légumes
frais, j'utilise une immense casserole
et je double ou je triple cette recette.
Je me fais alors des provisions
de bonheur pour l'hiver...

Vous pouvez préparer ce plat presque entièrement pendant la cuisson des pâtes. Vous seul saurez que cette recette se fait aussi rapidement...

Pâtes au saumon fumé

4 PORTIONS

1 boîte de 454 g (1 lb) de spaghettinis
2 c. à soupe d'huile d'olive
2 gousses d'ail émincées
1 oignon rouge émincé
250 ml (1 tasse) de Bouillon de poulet maison (p. 81) ou de bouillon de poulet du commerce permis
Quelques brins d'aneth
250 g (env. ½ lb) de saumon fumé ou de Gravlax (p. 58), coupé en petits morceaux
2 c. à soupe de câpres
Poivre rose concassé

- Cuire les pâtes dans l'eau salée selon le mode d'emploi qui figure sur l'emballage. Lorsqu'elles sont cuites, les égoutter et réserver un peu d'eau de cuisson.
- Entre-temps, dans un grand poêlon, chauffer l'huile d'olive à feu moyen. Ajouter l'ail et l'oignon, puis remuer le poêlon quelques instants, sans laisser colorer. Verser le bouillon de poulet, puis augmenter à feu moyen-élevé. Laisser réduire le bouillon de moitié.
- Conserver quelques brins d'aneth pour décorer les assiettes au moment de servir. Ciseler le reste de l'aneth.
- Ajouter le saumon fumé, les câpres et l'aneth ciselé au contenu du poêlon. Remuer, puis ajouter graduellement toutes les pâtes en mélangeant bien. Arroser d'un peu d'eau de cuisson, au besoin. Saler.
- Pour servir, garnir chacune des assiettes de poivre rose concassé et des brins d'aneth réservés.

ALLERGÈNES LES PLUS COMMUNS
blé et poisson, peut contenir des sulfites (câpres)
SUBSTITUT SUGGÉRÉ POUR LE BLÉ
pâtes à base de farine de riz

Préparation
25 minutes

Pâtes aux tomates cerises

4 PORTIONS

1 boîte de 454 g (1 lb) de spaghettis
½ c. à café (½ c. à thé) de piment en flocons
3 gousses d'ail émincées
3 c. à soupe d'huile d'olive
1 barquette d'environ 300 g (10 oz) de tomates cerises coupées en 2
2 tomates italiennes coupées en dés
1 c. à café (1 c. à thé) de sucre
70 g (½ tasse) d'olives noires Kalamata (bien lire les ingrédients)
Un bouquet de basilic frais
Quelques branches de thym
1 c. à café (1 c. à thé) d'origan séché
Une feuille de sauge
Sel

- Cuire les pâtes selon le mode d'emploi qui figure sur l'emballage.
- Entre-temps, dans une casserole, faire revenir le piment en flocons et l'ail dans l'huile d'olive, à feu moyen, sans laisser l'ail brunir. Ajouter les tomates cerises, les tomates italiennes, le sucre, les olives noires, le basilic, le thym, l'origan et la sauge. Saler.
- Laisser mijoter la sauce jusqu'à ce que les pâtes soient cuites. Incorporer les pâtes à la sauce avec un peu d'eau de cuisson. Bien mélanger et servir aussitôt.

ALLERGÈNES LES PLUS COMMUNS
blé (dans les pâtes)
SUBSTITUT SUGGÉRÉ
pâtes à base de farine de riz

Voici des pâtes tout à fait délicieuses, épicées à souhait et faciles à préparer !

Préparation
25 minutes

Pâtes de minuit

2 PORTIONS

3 c. à soupe d'huile d'olive
4 gousses d'ail
1 c. à café (1 c. à thé) de piment en flocons ou moins, au goût
⅔ d'un paquet de 454 g (1 lb) de spaghettis (voir note sur les pâtes alimentaires, p. 43)
2 à 3 c. à soupe d'eau de cuisson des pâtes
Un bouquet de persil italien frais, ciselé
Gros sel, au goût

- Dans un poêlon, chauffer l'huile à feu doux, puis y ajouter l'ail et le piment en flocons. Chauffer doucement pour que l'ail ne brunisse pas. Réserver. Entre-temps, cuire les pâtes dans une grande casserole remplie d'eau salée.
- Quand les pâtes sont cuites, réserver une petite quantité d'eau de cuisson avant de les égoutter. Mélanger les pâtes et l'eau de cuisson réservée à l'huile d'olive. Si le mélange est trop sec, ajouter quelques autres cuillerées à soupe d'eau de cuisson.
- Au dernier moment, mélanger le persil avec les pâtes, saler et servir aussitôt : les pâtes ne peuvent pas attendre.

ALLERGÈNES LES PLUS COMMUNS
blé (dans les pâtes)
SUBSTITUT SUGGÉRÉ
pâtes à base de farine de riz

En Italie, on mange traditionnellement ces pâtes, le soir, après le théâtre ou le cinéma, et on les accompagne d'une bonne bière.

Préparation
15 minutes

Fusillis au prosciutto, au pesto et aux tomates séchées

4 PORTIONS

1 boîte de 454 g (1 lb) de fusillis (voir note sur les pâtes alimentaires, p. 43)
250 ml (1 tasse) de Pesto (p. 152) ou de pesto du commerce
100 g (3 ½ oz) de fines tranches de prosciutto coupées en petits morceaux (voir note p. 44)
70 g (½ tasse) d'olives noires Kalamata (vérifier les ingrédients)
15 g (¼ tasse) de tomates séchées, émincées
Poivre noir du moulin pour servir

- Cuire les pâtes selon le mode d'emploi qui figure sur l'emballage. Au moment de les égoutter, réserver un peu d'eau de cuisson. Pendant la cuisson des pâtes, chauffer tous les autres ingrédients dans un grand poêlon, à feu doux. Laisser mijoter pendant quelques minutes pour que les saveurs se marient.
- Quand les pâtes sont cuites, les incorporer délicatement au mélange de pesto. Au besoin, ajouter un peu d'eau de cuisson des pâtes.
- Au moment de servir, parsemer d'un peu de poivre du moulin.

ALLERGÈNES LES PLUS COMMUNS
blé (dans les pâtes), peut contenir des sulfites (tomates séchées)

SUBSTITUT SUGGÉRÉ
pâtes à base de farine de riz

Préparation
20 minutes

Vous pouvez également trouver des pestos du commerce sans noix ni produits laitiers qui sont délicieux!

Sauce rosée

4 PORTIONS

1 gousse d'ail hachée finement
1 oignon haché
2 c. à soupe d'huile d'olive
1 boîte de 796 ml (28 oz) de tomates italiennes broyées
Un petit bouquet de basilic frais, ciselé
½ c. à café (½ c. à thé) de thym séché
½ c. à café (½ c. à thé) d'origan séché
2 c. à soupe de pâte de tomate
1 boîte de 250 ml (1 tasse) de préparation crémeuse de soya (voir note p. 44)
Sel et poivre noir

Pâtes, au choix (voir note p. 43)

- Dans une casserole, à feu moyen, faire revenir l'ail et l'oignon dans l'huile. Ajouter les tomates italiennes, le basilic, le thym et l'origan. Porter à ébullition. Laisser mijoter pendant une dizaine de minutes. S'il reste des morceaux de tomate, les écraser.
- Incorporer la pâte de tomate et la préparation crémeuse. Saler et poivrer, au goût. Poursuivre la cuisson pendant encore 5 minutes, à feu moyen.
- Servir avec des pâtes ou utiliser la sauce pour préparer les délicieux Cannellonis, sauce rosée (p. 128).

ALLERGÈNES LES PLUS COMMUNS
soya et blé (dans les pâtes)

SUBSTITUT SUGGÉRÉ
pâtes à base de farine de riz

Charles-Antoine avait un repas de Saint-Valentin à la garderie et tout devait être rose. Grâce à cette sauce, il a eu le sentiment de manger comme tous les autres enfants.

Préparation
25 minutes

Cannellonis, sauce rosée (sans fromage)

4 PORTIONS

LA CHAPELURE

Quelques tranches de pain sec permis (voir note p. 43)

LA FARCE

200 g (1 tasse) de tofu mou
190 g (1 tasse) d'épinards cuits et bien égouttés
15 g (¼ tasse) de chapelure (voir la méthode)
1 c. à café (1 c. à thé) de petites feuilles de thym frais
1 c. à café (1 c. à thé) de romarin ciselé
Sel et poivre noir

12 cannellonis cuits al dente
Huile d'olive
Une recette de Sauce rosée (p. 127)

- Préchauffer le four à 190 °C (375 °F).
- Pour faire la chapelure : utiliser quelques tranches de pain bien sec, les écraser, puis les tamiser pour en retirer les gros morceaux.
- Mélanger le tofu, les épinards et la chapelure. Ajouter le thym, le romarin, le sel et le poivre.
- Farcir les cannellonis avec ce mélange, puis les déposer délicatement dans un grand plat en pyrex préalablement badigeonné d'un peu d'huile d'olive. Napper généreusement les cannellonis de sauce rosée.
- Saupoudrer d'un peu de chapelure, s'il en reste. Cela créera l'illusion d'une touche de parmesan sur les cannellonis.
- Couvrir le plat de papier d'aluminium et cuire au four de 20 à 25 minutes.

ALLERGÈNES LES PLUS COMMUNS
blé (dans les pâtes) et soya

SUBSTITUT SUGGÉRÉ POUR LE BLÉ
pâtes à base de farine de riz

Préparation
20 minutes

Cuisson
25 minutes

Le tofu mou peut facilement remplacer le fromage ricotta que l'on utilise traditionnellement pour farcir les cannellonis. Verrez-vous la différence ?

LES GRILLES DU BARBECUE, DES PRÉCAUTIONS À PRENDRE

Attention lorsque vous cuisez les aliments au barbecue. Même quand vous chauffez le barbecue à très haute température, certaines protéines allergènes peuvent demeurer intactes sur les grilles, et ce, même si les restes d'aliments sont carbonisés. Il serait donc bien imprudent de cuire son repas sans précaution sur une grille où des aliments que vous devez éviter ont déjà cuit.

Lavez soigneusement les grilles du barbecue avec le savon approprié, chaque fois qu'une matière allergène est entrée en contact avec les grilles. Mieux encore, vous pouvez vous procurer une deuxième grille que vous réserverez exclusivement à la cuisson des aliments sans allergènes...

Depuis que nous avons acheté un nouveau barbecue, personne n'y cuit plus rien qui puisse être dangereux pour notre enfant. C'est plus simple, moins stressant et cela nous permet de manger de succulents mets préparés à l'extérieur, sans le moindre souci.

Si vous êtes en visite et que vous ne connaissez pas « l'historique » du barbecue de votre hôte, il serait plus prudent, par exemple, de faire cuire la portion de la personne allergique dans un poêlon, à l'intérieur, sur la cuisinière. Ainsi, la soirée ne risque pas d'être gâchée par une réaction allergique impromptue.

Burgers de dindon au basilic et aux tomates séchées

4 PORTIONS

600 g (env. 1 ¼ lb) de dindon haché
15 g (¼ tasse) de tomates séchées, hachées finement
10 g (¼ tasse) de feuilles de basilic hachées finement
2 oignons verts (échalotes) hachés finement
1 c. à café (1 c. à thé) d'herbes de Provence
Sel et poivre noir

Pains à hamburgers permis

ALLERGÈNES LES PLUS COMMUNS

blé, dans le pain à hamburger, peut contenir des sulfites (tomates séchées)

- Préchauffer le barbecue à température moyenne-élevée. À l'aide d'un pinceau en silicone, huiler la grille à l'huile végétale.
- Mettre tous les ingrédients dans un bol et bien les mélanger, en les pétrissant avec les mains.
- Former des boulettes. Les cuire directement sur la grille huilée du barbecue (voir encadré ci-dessus) de 5 à 7 minutes de chaque côté ou jusqu'à ce que le jus qui s'échappe des boulettes soit clair. Ne pas retourner les boulettes trop souvent, car elles pourraient se défaire.
- Servir avec la Trempette aux poivrons grillés (p. 75), sur un pain à hamburger. Les adultes peuvent accompagner leur burger d'un verre de sangria bien fraîche...

Préparation
15 minutes

Cuisson
15 minutes

Voici une recette pour changer du traditionnel hamburger. Vous pouvez aussi remplacer le dindon par du poulet haché, c'est tout aussi bon !

Les enfants raffolent du goût sucré de ce poulet !

Poulet barbecue

- Faire mariner les blancs de poulet dans un sac ziplock avec 250 ml (1 tasse) de sauce barbecue pendant au moins 4 heures ou même pendant toute la nuit.
- Jeter la marinade. Déposer les poitrines de poulet sur la grille huilée du barbecue, à température moyenne. Ne pas les cuire à feu trop élevé, car le sucre contenu dans la sauce les ferait brûler.
- Au besoin, badigeonner les poitrines d'un peu de sauce pendant la cuisson.
- Au bout d'une vingtaine de minutes, le poulet est prêt. Si désiré, le servir avec la Papillote de pommes de terre au persil et au paprika (p. 135).

ALLERGÈNES LES PLUS COMMUNS
dans la sauce barbecue :
poisson (anchois dans la sauce Worcestershire qui est facultative), peut contenir des sulfites (ketchup et vinaigre)

4 PORTIONS
800 g (1 ¾ lb) de poitrines de poulet
250 ml (1 tasse) de Sauce barbecue pour la marinade (p. 162)
125 ml (½ tasse) ou plus de Sauce barbecue pour badigeonner et pour le service

Marinade
4 à 24 heures

Préparation
5 minutes (si la sauce barbecue est déjà préparée)

Cuisson
20 minutes

Ailes de poulet épicées

6 PORTIONS

LA MARINADE

125 ml (½ tasse) de sauce soya (voir note p. 44)
250 ml (1 tasse) de Bouillon de poulet maison (p. 81) ou de bouillon de poulet du commerce permis
60 ml (¼ tasse) de sauce Worcestershire (voir note p. 44)
40 g (¼ tasse) de gingembre frais, émincé
60 ml (¼ tasse) de miel
Le jus de 2 citrons verts fraîchement pressés
1 c. à café (1 c. à thé) de tabasco

1,5 kg (env. 3 ½ lb) d'ailes de poulet

- Pour faire la marinade : mélanger tous les ingrédients de la marinade dans un grand sac ziplock. Y mettre les ailes de poulet et laisser reposer au réfrigérateur pendant au moins 24 heures.
- Bien huiler la grille du barbecue. Préchauffer le barbecue à température moyenne. Déposer les ailes sur la grille et les cuire de 20 à 25 minutes, en les retournant de temps en temps, jusqu'à ce qu'elles soient bien cuites.

ALLERGÈNES LES PLUS COMMUNS

blé (vérifier la sauce soya), soya et poisson (anchois dans la sauce Worcestershire), peut contenir des sulfites (tabasco)

Marinade
24 heures

Préparation
15 minutes

Cuisson
25 minutes

Poulet mariné à la thaïlandaise

4 PORTIONS

LA MARINADE

50 g (⅓ tasse) de coriandre fraîche, hachée
2 c. à soupe d'huile d'olive
4 grosses gousses d'ail passées au presse-ail
2 c. à soupe de gingembre frais, râpé
2 c. à soupe de sauce de poisson (vérifier les ingrédients)
2 c. à soupe de jus de citron vert fraîchement pressé
1 c. à café (1 c. à thé) de cassonade
1 c. à café (1 c. à thé) de piment en flocons

800 g (1 ¾ lb) de poitrines de poulet

- Pour faire la marinade : mélanger tous les ingrédients de la marinade. Faire mariner les poitrines de poulet pendant 4 heures ou même pendant toute la nuit.
- Huiler la grille du barbecue et le préchauffer à température moyenne. Cuire les poitrines de poulet pendant une dizaine de minutes de chaque côté.

Variante : Cette marinade est aussi parfaite pour des filets de porc.

ALLERGÈNES LES PLUS COMMUNS

poisson (anchois dans la sauce de poisson)

SUBSTITUT SUGGÉRÉ

quantité équivalente d'eau et un peu de sel

Marinade
4 à 24 heures

Préparation
15 minutes

Cuisson
20 minutes

Hamburgers fiesta mexicaine

4 PORTIONS

454 g (1 lb) de bœuf haché
Quelques gouttes de tabasco
1 c. à soupe de cumin
1 c. à soupe de graines de coriandre moulues
40 g (¼ tasse) de coriandre hachée finement
1 c. à soupe de jus de citron vert fraîchement pressé
Sel et poivre noir du moulin
Pains à hamburgers permis

LA GARNITURE

Guacamole maison (p. 153) ou guacamole du commerce et/ou Salsa mexicaine (p. 153) ou salsa du commerce

EN ACCOMPAGNEMENT

Nachos

- Préchauffer le barbecue à température moyenne-élevée. À l'aide d'un pinceau en silicone, huiler la grille à l'huile végétale.
- Mélanger tous les ingrédients avec les mains pour bien les répartir dans la viande. Former des boulettes et les cuire directement sur la grille du barbecue (voir Les grilles du barbecue, des précautions à prendre, p. 130) de 5 à 7 minutes de chaque côté ou jusqu'à ce que le jus qui s'échappe des boulettes soit clair.
- Garnir de guacamole et/ou de salsa et accompagner les hamburgers de nachos.

ALLERGÈNES LES PLUS COMMUNS
blé (dans le pain à hamburger), maïs (dans les nachos) et protéines bovines, peut contenir des sulfites (tabasco)

Préparation 15 minutes

Cuisson 15 minutes

Papillote de pommes de terre au persil et au paprika

4 PORTIONS

4 c. à soupe d'huile d'olive
2 c. à soupe de persil ciselé
1 c. à café (1 c. à thé) de paprika
2 gousses d'ail pressées
6 pommes de terre moyennes, épluchées et coupées en tranches de 1 cm (½ po) d'épaisseur
Gros sel

- Préchauffer le barbecue à température moyenne. Dans un bol, mélanger l'huile d'olive, le persil, le paprika et l'ail. Badigeonner les tranches de pommes de terre de ce mélange. Parsemer de gros sel. Envelopper le tout dans du papier d'aluminium et cuire la papillote pendant environ 40 minutes.

ALLERGÈNES LES PLUS COMMUNS
peut contenir du blé (paprika)

Préparation 15 minutes

Cuisson 40 minutes

Papillote de saumon aux poireaux

4 PORTIONS

4 morceaux de papier d'aluminium
4 pavés de saumon de 150 à 200 g (5 à 7 oz)
4 c. à soupe d'huile d'olive
2 poireaux lavés et émincés
1 poivron rouge coupé en fines lanières
4 c. à café (4 c. à thé) de jus de citron fraîchement pressé
4 tranches de citron
4 c. à café (4 c. à thé) de vinaigre balsamique
Gros sel et poivre noir du moulin

- Préchauffer le barbecue à température moyenne. Déposer chacun des pavés de saumon sur un morceau de papier d'aluminium légèrement huilé.
- Badigeonner le saumon d'un peu d'huile d'olive. Déposer une tranche de citron, quelques lamelles de poivrons et un peu de poireau sur chacun des pavés. Ajouter l'aneth, le sel et le poivre. Arroser d'un filet de vinaigre balsamique.
- Fermer toutes les papillotes, puis les déposer sur le barbecue pendant une quinzaine de minutes.
- Ouvrir délicatement la papillote. Attention, car c'est très chaud !

ALLERGÈNES LES PLUS COMMUNS
poisson, peut contenir des sulfites (vinaigre)

Préparation
15 minutes

Cuisson
15 minutes

Filets de porc à la chinoise

4 PORTIONS

2 filets de porc d'environ 350 g (12 oz) chacun

LA MARINADE

3 gousses d'ail écrasées
2 c. à café (2 c. à thé) de sucre
125 ml (½ tasse) de sauce soya (voir note p. 44)
3 c. à soupe d'huile d'olive
1 ½ c. à soupe de poudre de cinq épices
Le jus de ½ citron fraîchement pressé

- Faire mariner le filet de porc avec tous les ingrédients de la marinade pendant au moins 4 heures ou même pendant toute la nuit.
- Préchauffer le barbecue à température moyenne-élevée et huiler la grille. Cuire les filets pendant environ 25 minutes. Les filets de porc sont meilleurs si l'intérieur est encore rosé.

Note

La poudre de cinq épices est un mélange d'épices fréquemment utilisé dans la cuisine chinoise. Lisez bien les ingrédients, ainsi que les sempiternelles « Traces de… » afin de vous assurer que rien n'est contraire à vos restrictions alimentaires.

ALLERGÈNES LES PLUS COMMUNS
soya, peut contenir du blé (poudre de cinq épices)

Marinade
4 à 24 heures

Préparation
10 minutes

Cuisson
30 minutes

Les papillotes sur le barbecue sont une solution de rechange intéressante pour les personnes allergiques, car le contact avec les grilles est limité. Voici tout un repas entièrement cuit dans du papier d'aluminium !

Cette recette est fantastique, car le vinaigre balsamique caramélise tous les petits légumes. Attention de ne pas les brûler !

Super papillote de légumes

- Préchauffer le barbecue à température moyenne. Mettre 2 grands morceaux de papier d'aluminium l'un sur l'autre. Le papier doit être assez grand pour qu'une fois plié en 2, il puisse contenir tous les légumes.
- Verser un filet d'huile d'olive sur la moitié d'un morceau de papier d'aluminium. Y mettre ensuite les légumes. Ne pas éplucher l'ail, une fois qu'il sera cuit, il n'y aura qu'à pousser délicatement sur la pellicule pour en faire sortir la gousse confite.
- Arroser les légumes du reste de l'huile, verser le vinaigre balsamique, ajouter les herbes de Provence, le gros sel et le poivre. Mélanger le tout pour que les légumes soient bien imprégnés de l'huile et des épices. Refermer le papier d'aluminium hermétiquement en le pliant en 2 et en roulant les extrémités.
- Déposer ensuite la papillote sur la grille du barbecue et cuire pendant environ 1 heure. La secouer à quelques reprises pour empêcher les légumes de coller.

4 PORTIONS

3 c. à soupe d'huile d'olive
1 bulbe d'ail complet, défait en gousses, mais pas épluché
1 oignon rouge coupé en tranches
2 poivrons rouges, en lanières assez épaisses
Une douzaine de pommes de terre grelots coupées en 2
4 carottes coupées en bâtonnets
8 tomates cerises coupées en 2
200 g (2 tasses) de haricots verts et/ou jaunes
3 c. à soupe de vinaigre balsamique
1 c. à café (1 c. à thé) d'herbes de Provence
Gros sel
Poivre noir

ALLERGÈNES LES PLUS COMMUNS
peut contenir des sulfites (vinaigre)

Préparation 20 minutes

Cuisson 1 heure

Flétan à l'orientale

4 PORTIONS

LA MARINADE

Le jus de 2 gros citrons verts fraîchement pressés
60 ml (¼ tasse) de vinaigre de riz
60 ml (¼ tasse) de sauce soya (voir note p. 44)
1 c. à soupe d'huile de sésame
2 c. à soupe d'huile d'olive
4 ou 5 oignons verts (échalotes) coupés en petites rondelles
2 c. à soupe de gingembre frais, râpé, ou 2 c. à café (2 c. à thé) de gingembre moulu
4 gousses d'ail hachées
1 c. à café (1 c. à thé) de sambal olek

4 filets ou darnes de flétan d'environ 600 g (env. 1 ¼ lb) au total (ou tout autre poisson blanc à chair ferme, comme l'espadon, le bar ou le requin)

- Mélanger tous les ingrédients de la marinade dans un sac ziplock, puis y mettre le flétan. Laisser reposer pendant 1 ou 2 heures.
- Retirer le poisson de la marinade. Réserver la marinade. Cuire le flétan sur la grille huilée du barbecue ou, mieux encore, dans un panier à poisson, de 5 à 7 minutes de chaque côté, à température élevée.
- Pendant la cuisson du flétan, faire bouillir la marinade pendant 5 minutes. Elle fera une excellente sauce au moment de servir le poisson.

ALLERGÈNES LES PLUS COMMUNS

poisson, soya, sésame, blé (vérifier la sauce soya), peut contenir des sulfites (vinaigre)

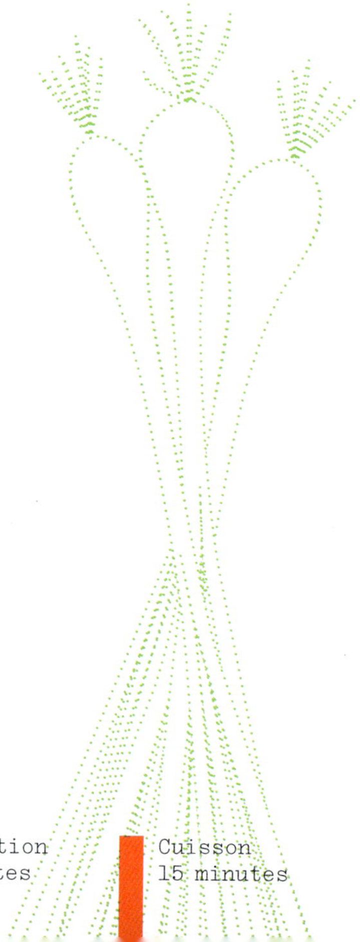

Marinade
1 ou 2 heures

Préparation
15 minutes

Cuisson
15 minutes

Faites cuire le flétan dans un panier spécialement conçu pour le poisson. Vous limiterez le contact avec les grilles et vous éviterez de briser le poisson au moment de le retourner.

Saumon à l'orientale sur planche de cèdre

4 PORTIONS

Une planche de cèdre pour la cuisson sur le barbecue
125 ml (½ tasse) de miel
125 ml (½ tasse) de sauce soya (voir note p. 44)
1 c. à soupe de gingembre fraîchement râpé
2 gousses d'ail passées au presse-ail
1 c. à café (1 c. à thé) de sambal olek
1 c. à soupe d'huile de sésame (facultatif)

Un filet de saumon d'environ 800 g (1 ¾ lb)
4 oignons verts (échalotes) coupés en rondelles

- Faire tremper la planche de cèdre pendant au moins 1 heure dans de l'eau. Préchauffer le barbecue à température moyenne-élevée. Entre-temps, dans une petite casserole, mélanger le miel, la sauce soya, le gingembre, l'ail et le sambal olek. Faire bouillir ce mélange pendant environ 5 minutes, jusqu'à ce qu'il épaississe. Verser l'huile de sésame et mélanger.
- Déposer le saumon sur la planche. Le badigeonner généreusement de sauce, puis déposer la planche sur le barbecue. Fermer le couvercle du barbecue. Au bout de 10 minutes, badigeonner de nouveau le saumon, puis ajouter les rondelles d'oignon vert. Poursuivre la cuisson pendant encore une dizaine de minutes.
- Servir avec du riz.

ALLERGÈNES LES PLUS COMMUNS
poisson, soya, sésame (facultatif), blé (vérifier la sauce soya)

Cuire un filet de saumon sur une planche de cèdre a un double avantage : d'abord, la fumée lui donne un goût exquis. Ensuite, étant donné que le poisson ne touche jamais directement les grilles du barbecue, on limite les risques de contamination croisée.

Trempage de la planche de cèdre
1 heure

Préparation
20 minutes

Cuisson
20 minutes

Brochettes d'agneau au romarin

- Faire mariner les cubes d'agneau pendant au moins 4 heures dans un sac hermétiquement fermé, avec tous les ingrédients de la marinade.
- Entre-temps, faire tremper 4 brochettes de bois dans l'eau pendant 1 heure pour les empêcher de brûler.
- Enfiler les cubes sur les brochettes de bois. Cuire les brochettes sur la grille huilée du barbecue, pendant une quinzaine de minutes, en les retournant de temps en temps.

ALLERGÈNES LES PLUS COMMUNS
peut contenir des traces d'œufs ou de lait dans le vin et présence assurée de sulfites

L'agneau est une viande qui est souvent grasse. Au moment de l'achat, choisissez bien votre morceau et dégraissez-le avec soin, avant de le couper en cubes.

Marinade
4 heures

Trempage
des brochettes
1 heure

Préparation
20 minutes

Cuisson
15 minutes

4 PORTIONS

700 g (env. 1 ½ lb) de cubes d'agneau

LA MARINADE

250 ml (1 tasse) de vin rouge (voir note p. 44)
Quelques brins de romarin ciselés
3 gousses d'ail écrasées
2 c. à soupe d'huile d'olive
2 c. à soupe de pâte de tomate
1 gros oignon rouge
Sel et poivre noir du moulin

Sandwich à la salade poulet-mayonnaise (sans mayonnaise)

4 PORTIONS

300 g (2 tasses) de poulet cuit, coupé en très petits morceaux
2 grosses lanières de Poivrons grillés maison (p. 75) ou de poivrons grillés du commerce, coupés en très petits morceaux
Une branche de céleri coupée en très petits morceaux
110 g (½ tasse) d'Émulsion de pommes de terre à l'ail (p. 158)
Poivre noir du moulin et sel
Quelques feuilles de laitue
Pain permis, pour faire le sandwich

- Bien mélanger le poulet, les poivrons et le céleri en y incorporant l'Émulsion de pommes de terre à l'ail. Saler et poivrer, au besoin. Faire ensuite le sandwich avec la salade poulet-mayonnaise et les feuilles de laitue.

ALLERGÈNES LES PLUS COMMUNS
blé (dans le pain)

Préparation
15 minutes

Sandwichs roulés au poulet et au guacamole

DONNE 2 SANDWICHS ROULÉS

Quelques morceaux de poulet cuit
2 tortillas du commerce (vérifier les ingrédients)
4 c. à soupe de Guacamole maison (p. 153) ou de guacamole du commerce (vérifier les ingrédients)
2 feuilles de laitue

- Déposer quelques morceaux de poulet à l'une des extrémités d'une tortilla. Ajouter environ 2 cuillerées à soupe de guacamole et une feuille de laitue. Rouler la tortilla.

ALLERGÈNES LES PLUS COMMUNS
blé et maïs (dans les tortillas)

Pour une visite au zoo, à la Ronde ou à tous les autres endroits où il est impossible de se nourrir sans apporter son repas (ce qui est la norme, dans notre cas…), vous pouvez préparer ces sandwichs roulés pour toute la famille.

Préparation
10 minutes

Calculer environ 2 sandwichs par personne

Cette salade se prépare avec l'Émulsion de pommes de terre à l'ail qui remplace une « vraie » mayonnaise. Bien malin celui qui pourra découvrir la supercherie dans son sandwich !

Quand on veut se faire plaisir, ce sandwich est absolument délicieux. Ce mélange de saveurs est sans contredit l'un de mes grands bonheurs de l'été.

Sandwich baguette au confit de canard

Donne 1 sandwich

1 cuisse de canard confite permise
Quelques gouttes de vinaigre balsamique
Quelques lanières de Poivrons grillés (p. 75)
Un pain baguette permis
Margarine sans produits laitiers (voir note p. 43)
Pousses de tournesol
Laitue (roquette ou autre)
Un filet d'Huile d'olive épicée à l'ail et au basilic (p. 163) ou une huile parfumée du commerce

- Avant de commencer à préparer le sandwich, défaire la cuisse de canard en petits morceaux, puis verser quelques gouttes de vinaigre balsamique sur les lanières de poivrons grillés.
- Couper la baguette dans le sens de la longueur, tartiner les 2 côtés de margarine, puis mettre tous les ingrédients dans le sandwich, en finissant par l'huile d'olive.

ALLERGÈNES LES PLUS COMMUNS
soya (dans la margarine) et blé (dans le pain), peut contenir des sulfites (vinaigre)

Préparation
15 minutes

Pitas à la salade thon-mayonnaise (sans mayonnaise)

Donne 2 sandwichs

35 g (¼ tasse) d'olives noires dénoyautées
2 oignons verts (échalotes)
1 petite tomate
1 boîte de 184 g (6 ½ oz) de thon pâle, égoutté
75 g (⅓ tasse) d'Émulsion de pommes de terre à l'ail (p. 158)
2 c. à soupe de câpres
Sel et poivre noir
2 feuilles de laitue
2 pains pitas permis

- Émincer les olives noires, les oignons verts et la tomate. Les mélanger avec le thon, l'Émulsion de pommes de terre à l'ail et les câpres. Saler et poivrer, au besoin. Déposer une feuille de laitue dans un pain pita, puis y mettre la garniture.

ALLERGÈNES LES PLUS COMMUNS
poisson et blé (dans le pain), peut contenir des sulfites (câpres)

Voici un autre sandwich dans lequel on remplace la mayonnaise par de l'Émulsion de pommes de terre à l'ail.

Préparation
15 minutes

Huile

Légumes et accompagnements

Dhal aux lentilles (recette indienne)

4 PORTIONS

- 200 g (env. 1 tasse) de lentilles du Puy
- 1 oignon haché
- 2 c. à soupe d'huile de canola
- 1 c. à soupe de poudre de cari doux (vérifier les ingrédients)
- 1 c. à café (1 c. à thé) de gingembre moulu
- 2 c. à café (2 c. à thé) de cannelle moulue
- 1 boîte de 398 ml (14 oz) de lait de coco
- 1 boîte de 398 ml (14 oz) de tomates concassées
- 1 grosse carotte coupée en petits dés
- 65 g (2 tasses) de bébés épinards
- Sel et poivre du moulin

- Faire tremper les lentilles dans l'eau pendant environ 1 heure.
- Dans une grande casserole, faire revenir l'oignon dans l'huile, à feu moyen, jusqu'à ce qu'il soit coloré. Ajouter le cari, le gingembre et la cannelle et cuire pendant 30 secondes. Ajouter le lait de coco, les tomates, la carotte et les lentilles. Baisser à feu doux.
- Laisser mijoter à couvert pendant 1 heure, en brassant souvent, pour ne pas que les lentilles collent au fond. Pendant la cuisson, rajouter un peu d'eau, s'il ne reste plus de liquide.
- Juste avant la fin de la cuisson ou lorsque les lentilles sont presque cuites, ajouter les épinards et bien mélanger. Poursuivre la cuisson encore pendant 5 minutes, saler, poivrer et servir avec du riz basmati.

ALLERGÈNES LES PLUS COMMUNS
peut contenir des sulfites (lait de coco)

Dans certains cas, il arrive que les personnes qui sont allergiques aux arachides le soient également aux lentilles (les deux sont de la famille des légumineuses). Consultez votre allergologue, au besoin.

Trempage
1 heure

Préparation
20 minutes

Cuisson
1 heure

Que de préjugés contre les lentilles ! Le tout est de bien savoir les cuisiner… Cette recette traditionnelle indienne est facile à préparer, riche en saveur et très économique.

Pesto

DONNE ENVIRON 180 À 250 ML (¾ À 1 TASSE) DE PESTO

1 c. à soupe de haricots de soya ou de graines de tournesol (facultatif)
Environ 110 g (2 ½ tasses) de feuilles de basilic frais
2 gousses d'ail
125 ml (½ tasse) d'huile d'olive
Sel

ALLERGÈNES LES PLUS COMMUNS
soya (facultatif)

- Concasser d'abord les haricots de soya au mortier. Laver soigneusement le basilic.
- Au robot culinaire, mélanger le basilic, l'ail et les haricots de soya concassés. Ajouter graduellement assez d'huile d'olive pour obtenir une bonne consistance. Saler.

Note

Pour avoir ce goût incomparable de basilic frais pendant tout l'hiver, je procède comme pour les purées pour bébés : je congèle d'abord le pesto dans des bacs à glaçons ou dans des moules à mini-muffins. Lorsqu'ils sont bien pris, je mets ces glaçons de pesto dans des sacs ziplock que je remets aussitôt au congélateur.

Variante :

Pesto à la roquette

Vous pouvez préparer du pesto avec de la roquette, plutôt qu'avec du basilic. Pour ma part, je préfère omettre les haricots de soya dans cette version. Le goût est différent, surprenant, un peu plus épicé, mais tout aussi savoureux !

Vous avez une allergie aux noix ? Dans cette recette, j'ai remplacé les pignons par des haricots de soya ! Une allergie au soya ? Ne vous laissez pas décourager, des graines de tournesol donneront aussi une agréable saveur à votre pesto. Il ne faut surtout pas que vos allergies alimentaires vous contraignent à vous priver de ce cadeau de l'été ! Ce pesto est délicieux mélangé avec des pâtes (sans œufs), dans des soupes ou encore en assaisonnement.

Préparation
20 minutes

Guacamole maison

4 PORTIONS

3 avocats bien mûrs
Le jus de ½ citron vert fraîchement pressé
1 petit piment rouge fort, épépiné (facultatif)
1 petit oignon rouge, émincé
40 g (¼ tasse) de coriandre fraîche, hachée
Sel

- Couper et peler les avocats. Les mettre ensuite dans un robot culinaire avec tous les autres ingrédients. Faire fonctionner l'appareil par petits coups, jusqu'à la consistance désirée.
- Ce guacamole est idéal pour faire les Sandwichs roulés au poulet et au guacamole (p. 144) et les Hamburgers fiesta mexicaine (p. 135). C'est aussi l'accompagnement parfait pour les Tacos au bœuf (p. 114).

J'aime beaucoup le goût de la coriandre, c'est pourquoi j'en utilise une bonne quantité dans cette recette. N'hésitez pas à en mettre un peu moins si vous la trouvez trop parfumée.

ALLERGÈNES LES PLUS COMMUNS
aucun

Préparation
15 minutes

Salsa mexicaine

4 PORTIONS

1 petit oignon rouge, émincé
8 à 10 tomates cerises coupées en 2
½ poivron rouge, épépiné
½ c. à café (½ c. à thé) de tabasco ou au goût
1 gousse d'ail
Quelques tiges de coriandre fraîche, grossièrement hachées
Sel et poivre noir, au goût

Nachos, pour servir

- Dans un robot culinaire, mettre une partie de l'oignon, des tomates et du poivron. Ajouter le tabasco, l'ail et un peu de coriandre.
- Mettre ensuite le reste des ingrédients. Saler et poivrer. Faire fonctionner l'appareil par petits coups, mais à quelques reprises seulement : il ne faut pas réduire cette délicate salsa en bouillie. Elle est bien meilleure lorsqu'elle contient encore quelques beaux gros morceaux !

Faire une salsa comme celle-ci prend moins de 10 minutes… Pourquoi s'en priver ? Et elle est tellement meilleure que celles du commerce !

ALLERGÈNES LES PLUS COMMUNS
maïs (dans les nachos), peut contenir des sulfites (tabasco)

Préparation
10 minutes

Jean-Claude, le papi de Charles-Antoine, fait des frites exquises. En grande primeur, il nous a offert sa recette ! Il préfère les cuire dans un chaudron ordinaire, mais il est plus simple de les faire à la friteuse, si vous en avez une. Il vous faudra alors probablement ajuster un peu les temps de cuisson.

Frites de papi

4 À 6 PORTIONS

Environ 2 litres (8 tasses) d'huile d'olive
Environ 700 g (env. 1 ½ lb) de pommes de terre
Environ 700 g (env. 1 ½ lb) de patates douces
Un gros bouquet de persil très grossièrement haché
Gros sel

- Couper les pommes de terre et les patates douces en bâtonnets, puis les faire tremper dans 2 bols d'eau différents pendant quelques minutes.
- Dans une grande casserole, chauffer l'huile. L'huile est à la bonne température quand elle bouillonne lorsque l'on y met un morceau de pomme de terre. Si l'huile fume, baisser le feu.
- Sortir les pommes de terre de l'eau, les égoutter et bien les assécher.
- Quand l'huile est à la bonne température, y verser doucement les pommes de terre. L'huile doit les couvrir complètement et il doit y en avoir suffisamment pour pouvoir, un peu plus tard, y mettre les patates douces.
- Cuire les pommes de terre de 7 à 8 minutes, en remuant de temps en temps avec une cuillère en métal. Entre-temps, sortir les patates douces de l'eau, les égoutter et bien les assécher. Mettre les patates douces dans l'huile. Laisser mijoter pendant encore quelques minutes. Lorsque les frites deviennent molles, retirer la casserole du feu et la laisser reposer pendant 3 ou 4 minutes.
- Remettre ensuite la casserole sur le feu. Laisser cuire les frites pendant encore 5 minutes, puis ajouter le persil.
- Poursuivre la cuisson jusqu'à ce que les frites soient bien dorées. Plusieurs frites se seront défaites en cours de route, et c'est normal. Elles n'en seront pas moins bonnes, bien au contraire...
- À l'aide d'une écumoire en métal, sortir les frites de l'huile, puis les déposer sur du papier essuie-tout pour enlever le surplus d'huile. Saler et servir aussitôt.

ALLERGÈNES LES PLUS COMMUNS
aucun

Préparation
1 heure

Pommes de terre rissolées à l'ail et au persil

4 PORTIONS

Environ 1 kg (2 ¼ lb) de pommes de terre coupées en dés ou de pommes de terre grelots coupées en 4
3 c. à soupe d'huile d'olive
4 grosses gousses d'ail émincées
Un bouquet de persil frais, émincé
Gros sel

- Dans une grande casserole, faire d'abord cuire les pommes de terre dans l'eau bouillante pendant 10 minutes ou jusqu'à ce qu'elles soient presque cuites.
- Dans un grand poêlon antiadhésif, chauffer l'huile à feu élevé. Ajouter les pommes de terre, et les retourner de temps en temps pour qu'elles dorent de tous les côtés. Si les pommes de terre ont absorbé toute l'huile, ajouter un peu d'huile en cours de cuisson.
- Quand les pommes de terre commencent à dorer, ajouter l'ail. Poursuivre la cuisson de 1 à 2 minutes. Ajouter le persil et laisser dorer encore pendant 30 secondes.
- Saler avec du gros sel.

ALLERGÈNES LES PLUS COMMUNS
aucun

Le secret pour que le goût de l'ail soit bien présent ? Il faut l'ajouter en fin de cuisson seulement, cela fait toute la différence.

Préparation
35 minutes

Purée de pommes de terre onctueuse

4 PORTIONS

1 kg (2 ¼ lb) de pommes de terre coupées en gros morceaux
125 ml (½ tasse) de boisson de soya non sucrée
4 c. à soupe de margarine sans produits laitiers (voir p. 43)
4 oignons verts (échalotes) coupés en petites rondelles
Sel et poivre noir

- Dans une grande casserole, cuire les pommes de terre dans de l'eau salée. Porter à ébullition. Lorsque les pommes de terre se défont facilement avec une fourchette (après environ une quinzaine de minutes), les égoutter dans une passoire et les remettre dans la casserole.
- Ajouter graduellement la boisson de soya, la margarine et les oignons verts, tout en pilant les pommes de terre ou les passer doucement au robot. Saler généreusement. Poivrer et servir.

ALLERGÈNES LES PLUS COMMUNS
soya

Variante : Vous pouvez remplacer les oignons verts par 30 g (½ tasse) de feuilles de bébé roquette finement émincées, et vous obtiendrez une purée de pommes de terre merveilleusement parfumée.

Préparation
40 minutes

Purée de pommes de terre au basilic

4 PORTIONS

1 kg (2 ¼ lb) de pommes de terre
125 à 180 ml (½ à ¾ tasse) d'huile d'olive
10 g (¼ tasse) de basilic émincé
70 g (½ tasse) d'olives noires finement hachées
Sel

- Dans une grande casserole, cuire les pommes de terre dans de l'eau bouillante salée, jusqu'à ce qu'elles soient tendres. Les passer au mélangeur en versant graduellement l'huile d'olive, jusqu'à la consistance désirée. Ajouter le basilic émincé, les olives noires et le sel.
- Mélanger encore un peu et servir.

ALLERGÈNES LES PLUS COMMUNS
aucun

Voici une autre façon de faire de la purée de pommes de terre sans beurre ni lait.

Préparation
40 minutes

Émulsions de pommes de terre

DONNE ENVIRON 250 ML (1 TASSE)

75 g (½ tasse) de pommes de terre bien cuites, égouttées et coupées en dés
1 c. à soupe de jus de citron fraîchement pressé
1 c. à soupe de moutarde de Dijon (facultatif)
Quelques brins de persil frais
1 gousse d'ail
100 ml (3 ½ oz) d'huile d'olive
½ c. à café (½ c. à thé) de sel
Poivre noir du moulin

Émulsion de pommes de terre à l'ail

- Dans une casserole, cuire les pommes de terre dans l'eau bouillante, jusqu'à ce qu'elles soient molles et qu'elles se défassent presque toutes seules. Les passer sous l'eau froide pour les refroidir. Bien les égoutter.
- Mélanger les pommes de terre, le jus de citron, la moutarde, le persil et l'ail dans un robot culinaire. Ajouter ensuite, *très progressivement,* l'huile d'olive, pour que les pommes de terre l'absorbent bien, exactement comme si l'on faisait une mayonnaise.
- Quand les pommes de terre ont la consistance désirée, saler et poivrer.

Variantes :

Émulsion de pommes de terre au cari

- Vous pouvez remplacer la moutarde de Dijon par 2 c. à café (2 c. à thé) de poudre de cari doux (voir note p. 44). Omettez l'ail et le persil.

Émulsion de pommes de terre épicée aux câpres

- Pour obtenir une émulsion piquante, vous n'avez qu'à ajouter 1 c. à café (1 c. à thé) de sauce harissa et 1 c. à soupe de câpres égouttées à la recette de base, en omettant l'ail, le persil et la moutarde.

ALLERGÈNES LES PLUS COMMUNS

Émulsion de pommes de terre à l'ail :
moutarde (facultatif), peut contenir des sulfites (moutarde)
Émulsion de pommes de terre au cari :
aucun
Émulsion de pommes de terre épicée aux câpres :
peut contenir des sulfites (câpres et sauce)

Préparation
30 minutes

De la presque mayonnaise ! Quand on s'intéresse un peu à la chimie alimentaire, on se rend compte que les œufs ne sont pas les seuls aliments qui peuvent servir à lier. Je m'ennuyais beaucoup de mes mayonnaises maison, jusqu'à ce que je décide de trouver une solution. Vous étonnerez sûrement vos invités quand vous leur direz que cette émulsion maison ne contient pas d'œufs…

Riz aux tomates

4 PORTIONS

2 gousses d'ail émincées
1 oignon finement émincé
2 c. à soupe d'huile d'olive
1 ½ c. à soupe de pâte de tomate
1 c. à café (1 c. à thé) d'herbes de Provence (vérifier les ingrédients)
Sel
375 ml (1 ½ tasse) d'eau
140 g (¾ tasse) de riz à grains longs

C'est Lourdes, une bonne amie portugaise, qui nous a enseigné cette façon de préparer le riz. Il est délicieux pour accompagner le poisson.

- Dans une casserole, à feu moyen, faire revenir l'ail et l'oignon dans l'huile d'olive, sans les faire dorer, jusqu'à ce que l'oignon ramollisse. Ajouter la pâte de tomate, les herbes de Provence et le sel. Cuire de 1 à 2 minutes.
- Verser l'eau et le riz, augmenter à feu élevé et porter le mélange à ébullition. Laisser mijoter à couvert, de 15 à 20 minutes, à feu moyen-doux, en remuant de temps en temps, pour s'assurer que le riz ne colle pas.

ALLERGÈNES LES PLUS COMMUNS
aucun

Préparation
10 minutes

Cuisson
20 minutes

Riz sauvage aux champignons

4 PORTIONS

LE RIZ

270 g (1 ½ tasse) d'un mélange de riz (riz brun, riz rouge et riz sauvage ou autre)
750 ml (3 tasses) de Bouillon de poulet maison (p. 81), de bouillon de poulet du commerce permis ou d'eau
1 c. à café (1 c. à thé) d'huile d'olive
¼ c. à café (¼ c. à thé) de sel

Une barquette de 227 g (8 oz) de pleurotes ou de champignons de Paris
2 c. à soupe d'huile d'olive
2 gousses d'ail
Un bouquet de persil
125 ml (½ tasse) de préparation crémeuse de soya (voir p. 44)
Sel et poivre noir

- Cuire le riz selon le mode d'emploi qui figure sur l'emballage, en utilisant le bouillon de poulet, l'huile d'olive et le sel.
- Entre-temps, laver, puis émincer les champignons. Les faire revenir dans l'huile d'olive, à feu élevé. Après 3 ou 4 minutes de cuisson, ajouter l'ail et le persil.
- Lorsque les champignons sont bien grillés, verser la préparation crémeuse de soya et poursuivre la cuisson pendant quelques instants. Saler et poivrer généreusement.
- Quand le riz est cuit, le mélanger avec les champignons. Rectifier l'assaisonnement, au besoin.

ALLERGÈNES LES PLUS COMMUNS
soya

Préparation
30 minutes

Petits légumes sautés à l'asiatique

4 PORTIONS

2 c. à soupe d'huile de canola
2 gousses d'ail émincées
Un morceau de 5 cm (2 po) de gingembre frais, râpé
1 sac de légumes surgelés de 750 g (1 ⅔ lb), mélange asiatique
1 c. à soupe de sauce de poisson (vérifier les ingrédients)

- Dans une casserole, chauffer l'huile à feu moyen et y faire revenir l'ail et le gingembre pendant 1 minute, sans faire brunir le mélange. Ajouter les légumes directement sortis du congélateur ainsi que la sauce de poisson.
- Faire sauter le tout à feu élevé pendant environ 10 minutes, en remuant constamment, jusqu'à ce que les légumes soient cuits au goût.

ALLERGÈNES LES PLUS COMMUNS
poisson (anchois dans la sauce de poisson)
SUBSTITUT SUGGÉRÉ
quantité équivalente d'eau et un peu de sel

Préparation 15 minutes

Des légumes surgelés ! Quelle horreur, me direz-vous… Mais il est maintenant possible de trouver des produits surgelés de grande qualité.

Champignons shiitake sautés

4 PORTIONS

2 petites barquettes de 114 g (4 oz) de champignons shiitake frais
2 c. à soupe d'huile de canola
1 c. à café (1 c. à thé) de sauce de poisson (vérifier les ingrédients)

- Laver les champignons et enlever les pieds. Couper ensuite les chapeaux des shiitake en tranches d'environ 1 cm (½ po) d'épaisseur.
- Dans un poêlon, chauffer l'huile à feu élevé. Ajouter les champignons et les faire griller, toujours à feu élevé, pour qu'ils deviennent légèrement croquants en surface.
- En fin de cuisson, les arroser d'un peu de sauce de poisson ou les parsemer de sel et les égoutter sur du papier essuie-tout pour enlever l'excédent d'huile, s'il y a lieu.

ALLERGÈNES LES PLUS COMMUNS
poisson (anchois dans la sauce de poisson)
SUBSTITUT SUGGÉRÉ
quantité équivalente d'eau et un peu de sel

Préparation 15 minutes

Les champignons shiitake sont délicieux et ils ont la réputation d'être excellents pour le système immunitaire.

Beurre à l'ail sans produits laitiers

DONNE 250 G (1 TASSE)

250 g (env. ½ lb) de margarine sans produits laitiers (voir note p. 43)
6 grosses gousses d'ail passées au presse-ail
Le jus de ½ citron fraîchement pressé
Persil haché, au goût
Ciboulette hachée, au goût
Sel et poivre noir du moulin
Quelques gouttes de sauce Worcestershire (voir note p. 44)

- Au micro-ondes, faire fondre la margarine pendant quelques secondes seulement pour qu'elle devienne malléable. Ajouter ensuite tous les autres ingrédients en mélangeant bien.
- Réfrigérer pendant quelques heures, le temps que la margarine reprenne sa consistance normale.
- Faire fondre la margarine sur des légumes chauds, sur des pommes de terre fumantes ou en tartiner de petits croûtons que l'on fait griller au four.

ALLERGÈNES LES PLUS COMMUNS
soya (dans la margarine) et anchois (dans la sauce Worcestershire, qui est facultative)

Le goût de l'ail fait en sorte que personne ne pourra deviner que vous avez utilisé de la margarine !

Préparation
15 minutes

Réfrigération
3 heures

Sauce barbecue

DONNE 375 À 500 ML (1 ½ À 2 TASSES)

1 oignon haché
2 gousses d'ail passées au presse-ail
2 c. à soupe d'huile d'olive
250 ml (1 tasse) d'eau
250 ml (1 tasse) de ketchup permis
Une branche de céleri de 10 cm (4 po) hachée finement
1 c. à soupe de vinaigre de vin rouge
55 g (¼ tasse) de cassonade
½ c. à café (½ c. à thé) de thym
1 c. à café (1 c. à thé) de graines de coriandre moulues
1 c. à café (1 c. à thé) de sauce Worcestershire (voir note p. 44)
½ c. à café (½ c. à thé) d'arôme de fumée liquide

- Dans une petite casserole, faire revenir l'oignon et l'ail dans l'huile d'olive, à feu moyen. Ajouter tous les autres ingrédients et cuire pendant une quinzaine de minutes ou jusqu'à ce que le céleri soit tendre. Passer la sauce au mélangeur, jusqu'à ce que la texture soit homogène. Au besoin, ajouter un peu d'eau.

ALLERGÈNES LES PLUS COMMUNS
poisson (anchois dans la sauce Worcestershire, qui est facultative), peut contenir des sulfites (ketchup et vinaigre)

Les sauces barbecue du commerce contiennent très souvent des produits laitiers ou des épices qui sont mal identifiées. J'ai donc décidé d'élaborer ma propre recette pour avoir une plus grande tranquillité d'esprit au moment des repas.

Préparation
30 minutes

Huile d'olive épicée à l'ail et au basilic

Donne environ 1 litre (4 tasses)

7 à 8 gousses d'ail
20 g (½ tasse) de feuilles de basilic
1 litre (4 tasses) d'huile d'olive
1 c. à café (1 c. à thé) de piment en flocons
1 filtre à café en papier

- Écraser les gousses d'ail avec le côté plat d'un couteau, cela en facilitera grandement l'épluchage et contribuera à en libérer l'arôme. Laver et essuyer délicatement le basilic. Il n'est pas nécessaire de le couper ni d'en détacher les feuilles.
- Dans une casserole, chauffer l'huile à feu moyen. Ajouter l'ail, le piment en flocons et le basilic. Laisser dorer pendant une dizaine de minutes. À l'aide d'une écumoire en métal, retirer le plus d'éléments solides possible. Les feuilles de basilic frites sont délicieuses avec un peu de gros sel. Les conserver.
- Quand l'huile a refroidi, la verser dans le filtre à café, pour enlever les impuretés. Conserver cette huile dans un pot joliment décoré, à l'abri de la lumière.

Note
Cette huile se conserve environ 1 semaine au réfrigérateur.

Variantes : Vous pouvez remplacer le basilic par du thym, par du romarin ou par n'importe quelles fines herbes de votre choix.

Une huile exquise, parfumée juste à point. Vous pouvez en mettre partout, sur des tomates, sur un morceau de pain, sur les Pâtes de minuit (p. 126), ou encore dans le Sandwich baguette au confit de canard (p. 147).

ALLERGÈNES LES PLUS COMMUNS
aucun

Pour plus de saveur, faites l'huile vers la fin de l'été, avec du basilic fraîchement cueilli et de l'ail du Québec. Essayez d'éviter l'ail importé, sec et peu goûteux, que l'on trouve la plupart du temps à l'épicerie. Préparée avec des ingrédients de qualité, l'huile n'en sera que meilleure.

Préparation
30 minutes

Desserts

Gâteau à la vanille

Environ 8 portions

LE GÂTEAU

120 g (1 tasse) de farine
140 g (⅔ tasse) de sucre
80 g (⅓ tasse) de margarine sans produits laitiers (voir note p. 43)
170 g (⅔ tasse) de compote de pommes
2 c. à café (2 c. à thé) de levure chimique (poudre à pâte)
1 c. à café (1 c. à thé) de bicarbonate de soude
¼ c. à café (¼ c. à thé) de sel
1 c. à café (1 c. à thé) de vanille

LE GLAÇAGE

Nutriwhip sans lactose (toujours vérifier les ingrédients)

LA GARNITURE

Fraises ou fruits des champs

- Pour faire le gâteau : préchauffer le four à 180 °C (350 °F). Mélanger ensemble tous les ingrédients du gâteau, en les ajoutant un par un, dans l'ordre.
- Verser le mélange dans un moule rond de 20 cm (8 po) légèrement graissé avec de la margarine et cuire au four de 20 à 25 minutes. Quand le gâteau a complètement refroidi, fouetter le Nutriwhip, puis glacer le gâteau. Le garnir ensuite de fraises ou de fruits des champs.

Note

Vous pouvez aussi doubler ou tripler la recette pour faire un gâteau à plusieurs étages comme sur la photo.

Préparation
15 minutes

Cuisson
25 minutes

ALLERGÈNES LES PLUS COMMUNS
blé et soya

Gâteau renversé aux fruits des champs

Environ 8 portions

LE GÂTEAU

160 g (1 ⅓ tasse) de farine
160 g (¾ tasse) de sucre
1 c. à soupe de levure chimique (poudre à pâte)
60 ml (¼ tasse) d'huile végétale
½ c. à café (½ c. à thé) de sel
180 ml (¾ tasse) de boisson de soya
130 g (½ tasse) de compote de pommes

LA GARNITURE

560 g (4 tasses) de fruits des champs (fraises, mûres, framboises et bleuets) frais ou décongelés
1 c. à soupe de sucre

Ce gâteau est l'un des préférés de mes enfants !

- Préchauffer le four à 180 °C (350 °F). Dans un grand bol, mélanger, dans l'ordre, la farine, le sucre, la levure chimique, l'huile, le sel, la boisson de soya et la compote de pommes.
- Dans un plat en pyrex carré de 20 cm (8 po), étendre tous les fruits et les parsemer de sucre. Recouvrir ensuite le mélange de fruits du mélange de gâteau.
- Cuire au four pendant 50 minutes ou jusqu'à ce que le dessus du gâteau soit doré.

ALLERGÈNES LES PLUS COMMUNS
blé et soya
SUBSTITUT SUGGÉRÉ
pour la boisson de soya : boisson de riz

Préparation
20 minutes

Cuisson
50 minutes

Voici un gâteau à la vanille moelleux dont la couleur est légèrement ambrée. Comme glaçage, je vous suggère d'utiliser la garniture à dessert Nutriwhip sans lactose, que l'on trouve à l'épicerie.

Servez cette tarte
avec un bon verre de lait… de soya!
Diabétiques s'abstenir.

Tarte au sirop d'érable

Donne 1 tarte

250 ml (1 tasse) de sirop d'érable (voir note p. 44)
250 ml (1 tasse) d'eau
2 c. à soupe de margarine sans produits laitiers (voir note p. 43)
2 c. à soupe de farine

1 fond de tarte, voir Pâte à tarte ci-dessous

- Cuire un fond de tarte au four de 8 à 10 minutes à 230 °C (450 °F).
- Dans une casserole, porter le sirop et l'eau à ébullition. Entre-temps, faire fondre la margarine pendant quelques secondes au micro-ondes et la mélanger avec la farine.
- Incorporer graduellement le mélange de margarine et de farine au mélange de sirop et d'eau. Brasser sans arrêt en poursuivant la cuisson à feu moyen pendant environ 5 à 6 minutes, jusqu'à l'obtention d'un mélange homogène qui épaissira légèrement. S'il reste encore quelques grumeaux, passer le mélange au tamis.
- Laisser refroidir le mélange, puis le verser dans le fond de tarte.

Préparation
20 minutes
(si la pâte est déjà préparée)

Cuisson
10 minutes

ALLERGÈNES LES PLUS COMMUNS
blé et soya

Pâte à tarte

Donne 4 fonds de tarte

LES ÉLÉMENTS SOLIDES

420 g (3 ½ tasses) de farine non blanchie
1 c. à café (1 c. à thé) de sel

LES ÉLÉMENTS LIQUIDES

250 ml (1 tasse) d'huile de canola
125 ml (½ tasse) d'eau froide
1 c. à café (1 c. à thé) de vinaigre

- Dans un bol, mélanger la farine et le sel. Dans un autre bol, mélanger l'huile, l'eau et le vinaigre.
- Incorporer *graduellement* les éléments liquides aux éléments solides et former une boule de pâte. Séparer la pâte en 4 parties égales, avant de les abaisser avec un rouleau à pâtisserie.

Truc : Pour éviter que la pâte ne colle au rouleau, on peut abaisser la pâte en l'emprisonnant entre 2 feuilles de papier ciré. Et pour éviter que le papier ne glisse sur la table, on peut mettre un linge à vaisselle humide en dessous.

Préparation
30 minutes

ALLERGÈNES LES PLUS COMMUNS
blé, peut contenir des sulfites (vinaigre)

Biscuits de Noël au beurre... sans beurre

DONNE ENVIRON 30 BISCUITS

LA PÂTE À BISCUITS

250 g (1 tasse) de margarine sans produits laitiers (voir note p. 43)
300 g (2 ½ tasses) de farine
125 g (1 tasse) de sucre à glacer
4 c. à soupe de boisson de soya
1 c. à café (1 c. à thé) d'extrait de vanille

LE GLAÇAGE AUX COULEURS PASTEL

1 c. à café (1 c. à thé) de jus d'orange pur
1 c. à café (1 c. à thé) de jus de raisin
1 c. à café (1 c. à thé) de jus de canneberge
3 x 30 g (¼ tasse) de sucre à glacer (voir note p. 44)

- Mélanger tous les ingrédients de la pâte à biscuits, en brassant au fur et à mesure que l'on ajoute un nouvel ingrédient.
- Au bout d'un moment, on obtient une grosse boule de pâte que l'on enveloppe de pellicule plastique. La mettre au réfrigérateur pendant 1 heure.
- Préchauffer le four à 160 °C (325 °F).
- Fariner généreusement le plan de travail, puis abaisser la pâte à l'aide d'un rouleau à pâtisserie, jusqu'à ce qu'elle n'ait que 0,5 cm (¼ po) d'épaisseur.
- À cette étape, on peut appeler les enfants et leur demander de découper les biscuits à l'aide d'emporte-pièces en forme d'étoiles, de sapins et de cœurs. Déposer les biscuits sur une tôle à biscuits préalablement graissée avec un peu de margarine.
- Cuire les biscuits au four de 10 à 12 minutes.
- Pour faire le glaçage : dans trois petits bols, mélanger chacun des jus avec 30 g (¼ tasse) de sucre à glacer. Quand les biscuits ont refroidi, étendre le glaçage sur chacun des biscuits. Conserver les biscuits au réfrigérateur jusqu'au moment de servir.

ALLERGÈNES LES PLUS COMMUNS

blé, soya (dans la margarine) et maïs (dans le sucre à glacer)

Le secret d'un réveillon de Noël en famille sans stress inutile réside dans une bonne communication entre tous les convives. Cela demande davantage de planification mais, par expérience, rien n'est plus précieux qu'un Noël sans souci où tout le monde met la main à la pâte, tout en connaissant quelques principes de substitution de base.

Préparation
30 minutes

Réfrigération
1 heure

Cuisson
12 minutes

Qui prépare les biscuits de Noël chez vous ? Peut-être pourriez-vous lui refiler cette recette ?

Voici une vieille recette familiale que ma mère m'a transmise, c'est l'un des premiers desserts que nous avons réussi à adapter pour notre fils. Le résultat ? Tout simplement cochon !

ALLERGÈNES LES PLUS COMMUNS

blé, soya et traces fréquentes de produits laitiers dans le cacao

SUBSTITUT SUGGÉRÉ

pour la boisson de soya : boisson de riz

Pouding au chocolat de Charlot

4 PORTIONS

LE GÂTEAU

120 g (1 tasse) de farine
2 c. à café (2 c. à thé) de levure chimique (poudre à pâte)
½ c. à café (½ c. à thé) de sel
140 g (⅔ tasse) de sucre
2 c. à soupe de cacao (voir note p. 43)
125 ml (½ tasse) de boisson de soya ou de boisson de riz
1 c. à café (1 c. à thé) de vanille
2 c. à soupe d'huile végétale

LE SIROP

165 g (¾ tasse) de cassonade
3 c. à soupe de cacao (voir note p. 43)
375 ml (1 ½ tasse) d'eau bouillante

- Préchauffer le four à 180 °C (350 °F). Dans un bol, tamiser la farine, la levure chimique, le sel, le sucre et le cacao. Verser, en mélangeant, la boisson de soya, la vanille et l'huile.
- Quand la pâte a une consistance homogène, la verser dans un moule carré de 20 cm (8 po).
- Juste avant de mettre le moule au four, mélanger tous les ingrédients du sirop dans un autre bol. Verser doucement le sirop sans mélanger, pour qu'il se dépose sur la pâte. Cuire au four pendant environ 45 minutes. Servir chaud, de préférence.

Variante : Vous pouvez aussi cuire le pouding dans des contenants individuels.

Préparation 15 minutes

Cuisson 30 minutes

Cocktail fraise, banane et orange

4 PORTIONS

10 fraises fraîches ou surgelées
1 banane
125 ml (½ tasse) de jus d'orange pur
Glace concassée

- Passer tous les ingrédients au mélangeur pendant environ 1 minute. Servir sans tarder, avant que toute la glace fonde.
- Si l'on utilise des fraises surgelées, ne pas les décongeler avant de préparer ce cocktail. Remplacer simplement la glace par de l'eau froide.

Tous les enfants adorent ce mélange de saveurs bien fraîches… sans sucre ajouté ! Et c'est tellement meilleur que les barbotines remplies de colorants que l'on offre à la crémerie et dont les ingrédients sont impossibles à déchiffrer…

ALLERGÈNES LES PLUS COMMUNS
aucun

Préparation 10 minutes

Crêpes

4 PORTIONS

240 g (2 tasses) de farine à pâtisserie
½ c. à café (½ c. à thé) de sel
2 c. à soupe de sucre
2 c. à café (2 c. à thé) de substitut d'œufs délayé dans 4 c. à soupe d'eau (voir note p. 44)
550 ml (2 ¼ tasses) de boisson de soya
1 c. à café (1 c. à thé) d'extrait naturel de vanille
2 c. à soupe de margarine sans produits laitiers (voir note p. 43)
Huile de canola pour cuire les crêpes

LA GARNITURE

Sirop d'érable (voir note p. 44)
Petits fruits

- Dans un grand bol, mélanger la farine, le sel et le sucre. Ajouter le substitut d'œufs, la boisson de soya, l'extrait de vanille et la margarine fondue. Bien brasser à l'aide d'un fouet, jusqu'à ce que la pâte ait une texture homogène.
- Dans un poêlon antiadhésif, verser quelques gouttes d'huile de canola. Chauffer l'huile à feu moyen-élevé, jusqu'à ce qu'elle soit bien chaude. À l'aide d'une louche, verser de la pâte dans le poêlon. Retourner la crêpe après environ 1 minute. Poursuivre la cuisson encore quelques instants.
- Servir avec du sirop d'érable et une montagne de fruits.

Des crêpes sans œufs, ni beurre, ni lait, qui sont à la fois moelleuses et savoureuses ? Impossible, croyez-vous ? Ce n'est pas parce que votre enfant a des allergies à ces aliments qu'il ne pourra pas profiter de ces crêpes, qui font le bonheur de nos dimanches matin. Et si vous utilisez de la farine à pâtisserie au lieu de la farine tout usage, vous obtiendrez des crêpes qui auront une texture plus légère et plus délicate.

ALLERGÈNES LES PLUS COMMUNS

blé, soya et maïs (dans certains substituts d'œufs). Attention au sirop d'érable.

Préparation
10 minutes

Cuisson
20 minutes

Biscuits aux dattes et aux corn-flakes

- Préchauffer le four à 180 °C (350 °F). Dans un grand bol, à l'aide d'un batteur électrique, battre la margarine avec la vanille et le sucre. Ajouter le substitut d'œufs, la farine, la levure chimique et le bicarbonate de soude. Bien mélanger.
- Incorporer la boisson de soya et les dattes, puis brasser avec une cuillère en bois.
- Faire une petite boule avec environ une cuillerée à soupe du mélange, puis la rouler dans les corn-flakes. Répéter l'opération pour faire chacun des biscuits.
- Déposer les biscuits sur une tôle à biscuits préalablement graissée avec un peu de margarine, les aplatir légèrement et laisser environ 5 cm (2 po) entre chacun. Cuire pendant environ 15 minutes.

Un jour, une grand-maman est venue frapper aux Aliments Ange-Gardien. Comme elle adorait nos produits, elle nous avait apporté des desserts qu'elle avait préparés spécialement pour Charles-Antoine ! Il est difficile de dire à quel point cette visite nous avait fait plaisir... Évidemment, tout ce qu'elle avait cuisiné était délicieux ! Et elle nous a gentiment offert cette recette pour que nous puissions l'ajouter à celles de ce livre.

ALLERGÈNES LES PLUS COMMUNS
blé, maïs et soya, peut contenir des sulfites (dattes)

Préparation
30 minutes

Cuisson
15 minutes

DONNE ENVIRON 24 BISCUITS

180 g (¾ tasse) de margarine sans produits laitiers (voir note p. 43)
2 c. à café (2 c. à thé) de vanille
160 g (¾ tasse) de sucre
4 c. à café (4 c. à thé) de substitut d'œufs délayé dans 125 ml (½ tasse) d'eau (voir note p. 44)
210 g (1 ¾ tasse) de farine
2 c. à café (2 c. à thé) de levure chimique (poudre à pâte)
¼ c. à café (¼ c. à thé) de bicarbonate de soude
2 c. à soupe de boisson de soya
320 g (1 ½ tasse) de dattes hachées
105 g (4 tasses) de corn-flakes légèrement écrasés

Biscuits moelleux aux brisures de chocolat

Donne environ 16 gros biscuits

125 g (½ tasse) de margarine sans produits laitiers (voir note p. 43)
85 g (⅓ tasse) de compote de pommes
2 c. à soupe de boisson de soya
1 c. à café (1 c. à thé) d'extrait de vanille
195 g (1 ½ tasse) de farine tout usage
½ c. à café (½ c. à thé) de sel
220 g (1 tasse) de cassonade
¾ c. à café (¾ c. à thé) de bicarbonate de soude
180 g (1 tasse) de brisures de chocolat sans traces d'arachides, de noix, d'œufs ni de lait (voir note p. 43)

- Préchauffer le four à 190 °C (375 °F). Dans un grand bol, à l'aide d'un bon fouet ou d'un batteur électrique, mélanger la margarine, la compote de pommes, la boisson de soya et la vanille, jusqu'à ce que la texture soit onctueuse.
- Dans un autre bol, mélanger les ingrédients secs, soit la farine, le sel, la cassonade et le bicarbonate de soude. Tout en brassant vigoureusement, incorporer le contenu de ce bol au premier. Ajouter les brisures de chocolat et mélanger encore un peu.
- Faire de petites boules avec une cuillère et les aplatir légèrement. Les déposer ensuite sur une tôle à biscuits préalablement graissée avec un peu de margarine. Mettre au four pendant environ 10 minutes, selon la grosseur des biscuits.

Préparation
25 minutes

Cuisson
10 minutes

Muffins aux fraises

Donne environ 12 muffins

LES ÉLÉMENTS SOLIDES

210 g (1 ¾ tasse) de farine
2 c. à café (2 c. à thé) de levure chimique (poudre à pâte)
½ c. à café (½ c. à thé) de sel
¼ c. à café (¼ c. à thé) de bicarbonate de soude
140 g (⅔ tasse) de sucre

LES ÉLÉMENTS LIQUIDES

125 ml (½ tasse) d'huile végétale
80 ml (⅓ tasse) de boisson de soya ou de boisson de riz
2 c. à café (2 c. à thé) de substitut d'œufs délayé dans 4 c. à soupe d'eau (voir note p. 44)

140 g (1 tasse) de fraises coupées en dés de 0,5 cm (¼ po)

- Préchauffer le four à 180 °C (350 °F). Tamiser ensemble la farine, la levure chimique, le sel, le bicarbonate de soude et le sucre.
- Dans un autre bol, mélanger l'huile végétale, la boisson de soya et le substitut d'œufs. En brassant, ajouter graduellement les éléments liquides aux éléments solides.
- Incorporer les fraises. Remuer délicatement pour ne pas qu'elles se brisent.
- Verser la pâte dans des moules à muffins et cuire environ 25 minutes ou lorsqu'un cure-dent enfoncé dans un muffin en ressort sec.

Parfaits pour les petites fringales ou les lunchs à l'école !

ALLERGÈNES LES PLUS COMMUNS
blé et soya, peut contenir du maïs (substituts d'œufs)

Note
Ces muffins se congèlent très bien.

Préparation
20 minutes

Cuisson
25 minutes

Je ne peux pas vous dire combien de temps ces biscuits se conservent car, malgré tous mes efforts, ils disparaissent en un clin d'œil !

ALLERGÈNES LES PLUS COMMUNS
blé et soya

Ce marbré est délicieux… Pour mettre au point cette recette, il nous a fallu une quantité impressionnante d'essais avant d'en arriver à la bonne « formule ». Avec le recul, notre entêtement en valait la peine !

Marbré aux poires et au chocolat de Jean-Sébastien

- Préchauffer le four à 180 °C (350 °F). Faire fondre lentement le chocolat au bain-marie.
- Dans un bol, mélanger le sucre, la farine, le bicarbonate de soude, la levure chimique, le sel, la margarine, le substitut d'œufs et la compote de poires.
- Couper les poires en dés sans les peler, puis les incorporer doucement au mélange précédent.
- Verser les 4/5 du mélange dans un moule à pain de 22 x 11 x 6 cm (8 1/2 x 4 1/2 x 2 7/16 po), préalablement graissé avec un peu de margarine.
- Incorporer le chocolat fondu au reste du mélange, puis le verser aussi dans le moule. Mélanger à peine avec la pâte blanche, en donnant quelques coups de fourchette, pour que le gâteau ne soit pas homogène, cela donnera un joli effet marbré...
- Cuire au four de 45 à 50 minutes.

ALLERGÈNES LES PLUS COMMUNS
blé et soya, peut contenir du maïs (substituts d'œufs)

Préparation
30 minutes

Cuisson
45 à 50 minutes

ENVIRON 6 BONNES PORTIONS

60 g (1/3 tasse) de brisures de chocolat sans traces d'arachides, de noix, de lait ni d'œufs (voir note p. 43)
140 g (2/3 tasse) de sucre
120 g (1 tasse) de farine
1 c. à café (1 c. à thé) de bicarbonate de soude
2 c. à café (2 c. à thé) de levure chimique (poudre à pâte)
1/4 c. à café (1/4 c. à thé) de sel
80 g (1/3 tasse) de margarine sans produits laitiers (voir note p. 43)
2 c. à café (2 c. à thé) de substitut d'œufs délayé dans 60 ml (1/4 tasse) d'eau (voir note p. 44)
170 g (2/3 tasse) de compote de poires
2 grosses poires entières

Fondue au chocolat

4 portions

360 g (2 tasses) de brisures de chocolat sans traces d'arachides, de noix, d'œufs ni de produits laitiers
250 ml (1 tasse) de préparation crémeuse de soya (voir note p. 44)
3 c. à soupe de miel
2 c. à soupe de haricots de soya concassés

- Dans un bain-marie, ou directement dans un caquelon à fondue, faire fondre les brisures de chocolat à feu doux, en les mélangeant avec la préparation crémeuse. Ajouter le miel et les haricots de soya. Quand la fondue est onctueuse, c'est temps d'y tremper les fruits.

Note

Avant de servir une personne allergique, il faut bien nettoyer le caquelon, car il peut y avoir des traces d'allergènes provenant de vos derniers repas...

ALLERGÈNES LES PLUS COMMUNS
soya

Préparation
10 minutes

Gâteau au chocolat

Environ 8 portions

LE GÂTEAU

195 g (1 ½ tasse) de farine tout usage
3 c. à soupe de cacao (voir note p. 43)
1 c. à soupe de bicarbonate de soude
210 g (1 tasse) de sucre
½ c. à café (½ c. à thé) de sel
5 c. à soupe d'huile végétale
1 c. soupe de vinaigre
1 c. à café (1 c. thé) d'extrait de vanille
250 ml (1 tasse) d'eau froide

LE GLAÇAGE AU CHOCOLAT

125 g (½ tasse) de margarine sans produits laitiers (voir note p. 43)
180 g (1 tasse) de brisures de chocolat sans traces d'arachides, de noix, de lait ni d'œufs (voir note p. 43)

- Pour faire le gâteau : préchauffer le four à 180 °C (350 °F). Dans un grand bol, mélanger la farine, le cacao, le bicarbonate de soude, le sucre et le sel. Verser ensuite l'huile, le vinaigre, la vanille et l'eau.
- Brasser vigoureusement, jusqu'à ce que la texture soit homogène. Verser ce mélange dans un moule à gâteau carré de 20 cm (8 po) légèrement huilé et cuire au milieu du four pendant 30 minutes ou jusqu'à ce qu'un cure-dent en ressorte propre.
- Pour faire le glaçage : dans une petite casserole, faire fondre la margarine. Lorsqu'elle est tout juste fondue, ajouter les brisures de chocolat. Les laisser fondre en brassant avec un fouet pour bien incorporer le chocolat à la margarine.
- Laisser tiédir le glaçage avant de glacer le gâteau. Quand le gâteau a complètement refroidi, le glacer.

Cette recette nous a été gentiment offerte par la comédienne Fanny Lauzier, elle-même mère d'un enfant allergique.

ALLERGÈNES LES PLUS COMMUNS
Gâteau : blé, peut contenir des sulfites (vinaigre)
Glaçage : soya

Préparation
15 minutes

Cuisson
30 minutes

Glaçage
15 minutes

Les fondues au chocolat du commerce contiennent toutes des avertissements qui feraient dresser les cheveux sur la tête à n'importe quelle personne allergique. Pour ne pas se priver de ce savoureux dessert, on peut le faire soi-même. Grâce au croquant des haricots de soya et au miel, on retrouve presque le goût onctueux du chocolat Toblerone!

Liste des synonymes des allergènes*

*Source : Association québécoise des allergies alimentaires (AQAA), septembre 2008.

Voici un guide indispensable lorsque l'on cuisine pour des personnes allergiques.
Vous verrez que, bien rapidement, vous connaîtrez par cœur les parties qui vous concernent.

Mots clés pour les ARACHIDES

Synonymes et produits à base d'arachide :
Arachide, arachide-I, arachin, beurre d'arachide, cacahouète, conarachin, farine d'arachide, huile d'arachide, mandelonas, noix artificielles, protéines végétales d'arachides, protéines végétales hydrolysées d'arachides.

*** Sources très probables d'arachide :**
Chicha, noix mélangées.

*** Sources possibles d'arachide :**
Amandes (mandelonas), assaisonnements, biscuits, céréales, chili (plat cuisiné), chocolat, crème glacée, desserts surgelés, dragées, glaçage aux amandes, mets thaïlandais ou asiatiques (rouleaux impériaux ou rouleaux de printemps, sauce et autres), noix de Grenoble (arachides désaromatisées, réaromatisées), pâte d'amande, pâtisseries, sauces ou soupes déshydratées en sachets (avec aromatisants à base d'arachides), viennoiseries.

Sources possibles d'arachide, non alimentaires :
Cosmétiques, crèmes, matériaux d'artisanat, médicaments et suppléments, nourriture pour animaux et oiseaux, rembourrage des jouets.

* Ces aliments ou ingrédients ne contiennent pas nécessairement d'arachides, mais il vaut mieux s'en assurer en lisant bien l'étiquette ou en contactant le manufacturier ou le cuisinier. Ces sources possibles sont données pour vous aider à repérer les allergènes, mais elles ne constituent pas une liste exhaustive. Il est important de bien lire les étiquettes et de s'informer pour chaque aliment consommé.

NOTES :

- ON PEUT ÊTRE ALLERGIQUE AUX ARACHIDES SANS ÊTRE ALLERGIQUE AUX NOIX, ET VICE VERSA.
- CEPENDANT, LE RISQUE DE CONTAMINATION ENTRE LES NOIX ET LES ARACHIDES EST TRÈS IMPORTANT.
- SOYEZ AUSSI À L'AFFÛT DE LA CONTAMINATION CROISÉE : N'UTILISEZ PAS D'USTENSILES QUI ONT SERVI À LA CONSOMMATION D'UN PRODUIT CONTENANT DES ARACHIDES AVANT DE LES AVOIR SOIGNEUSEMENT LAVÉS !

Mots clés pour le BLÉ

Synonymes et produits à base de blé :
Amidonnier, atta, blé (mou, entier, durum, dur), boulgour, boulghour ou bulghur, bretzel, couscous, croûton (de pain de blé), engrain, épeautre (blé farro), extraits solubles de blé grillé, farine (de blé entier, de blé concassé, de blé roux, blanche, enrichie, de gluten, Graham, de froment, à pâtisserie, phosphatée, tout usage, durum et d'épeautre), farina, fécule de blé, froment, germe de blé, gliadine, gluten, gluten de blé, gluténine, herbe (de blé), huile de germe de blé, hostie, kamut, nouilles (de blé), pain (de blé), pâtes alimentaires (de blé), seitan, semoule (de blé tendre), spelt, triticale.

*** Sources très probables de blé :**
Aliments enrobés ou panés, ale, bière, biscuits, boissons chaudes aux céréales, bouillons de bœuf ou de poulet, chapelure, concentré de bouillon en cubes, cornet à crème glacée, crêpes, croquettes, croûtons, endosperme, extraits de céréales, farine de malt, fécule végétale, fondue parmesan, garniture pour tarte, gâteaux, lait malté ou à base de poudre de chocolat, liqueur de malt, malt, nouilles, pain, pâte et garniture de tarte, pâtes alimentaires, pâtisseries, potages du commerce, porter, pouding, poudre de malt, repas en sauce du commerce, sauces et potages du commerce, semoule, son, stout, surimi (goberge au goût de crabe), vinaigre de malt et autres.

*** Sources possibles de blé :**
Agents liants et de remplissage (utilisés dans les préparations de viande, de volaille et de poisson), albumine, amidon, arachides et noix assaisonnées, arôme, assaisonnements, bonbons, charcuteries, chocolat, crème glacée, falafel, farine de moutarde, fécule de maïs, fines herbes, germe, globuline, gomme végétale, ketchup préparé, levure chimique, mayonnaise, mélange d'épices, moutarde en poudre, moutarde préparée, pain de viande et pâté de viande, paprika, poivre de cayenne, poivre noir, poudre à pâte (levure chimique), poudre de cari, poudre de chili, préparation aromatisante naturelle et/ou artificielle, pseudoglobulines, sauce soya, sauce tamari, sauces à salade, sauces épaissies, saucisses, simili-viande, soupes en conserve, sucre à glacer (l'amidon), tartinades au fromage, vermicelle, vinaigrette du commerce et autres.

*** Sources possibles de blé, non alimentaires :**
Aliments pour animaux de compagnie, colle maison, décorations, médicaments et suppléments, pâte à modeler (par exemple, Play-Doh), produits de beauté, produits de soins capillaires et autres.

NOTE :

- LA PLUPART DES CRAQUELINS, DES PAINS ET DES PÂTES ALIMENTAIRES SUR LE MARCHÉ SONT À BASE DE BLÉ. RECHERCHEZ LES PRODUITS À BASE D'AUTRES FARINES. SI VOUS SOUFFREZ DE LA MALADIE CŒLIAQUE, VOUS DEVRIEZ AUSSI ÉVITER LES SOURCES D'AVOINE, D'ORGE ET DE SEIGLE. POUR PLUS D'INFORMATIONS, CONSULTEZ LE SITE DE L'ASSOCIATION CANADIENNE DE LA MALADIE CŒLIAQUE (WWW.CELIAC.CA).

* Ces aliments ou ingrédients ne contiennent pas nécessairement de protéines du blé, mais il vaut mieux s'en assurer en lisant bien l'étiquette ou en contactant le manufacturier ou le cuisinier. Ces sources possibles sont données pour vous aider à repérer les allergènes, mais elles ne constituent pas une liste exhaustive. Il est important de bien lire les étiquettes et de s'informer pour chaque aliment consommé.

Mots clés pour le LAIT DE VACHE

Synonymes et produits à base de lait de vache :
Alpha-lactalbumine, arôme de beurre, babeurre, bêta-lactoglobuline, beurre, beurre clarifié, caillé, caséinate, caséinate de calcium, caséinate de sodium, caséine, crème, crème glacée, crème sure, fromage, ghee, gras de lait, huile de beurre, kéfir, koumis, lactalbumine, lactoferrine, lactoglobuline, lactose, lactosérum, lactulose, lait sans lactose, mélanges pour boissons maltées, petit-lait, poudre de lait écrémé, poudre de petit-lait, protéines ovo-lactohydrolysées, Simplesse® (succédanés de gras), solides de lait, solides de lait écrémé, substance laitière modifiée, yogourt (de lait).

*** Sources très probables de lait de vache :**
Biscuits, café aromatisé, caramel (bonbon), charcuterie, chocolat, colorant à café, desserts (gâteaux, beignes), flan, fromage de soya (avec caséine), glaçage sur des produits de boulangerie, margarine, nougat, Opta® (succédanés de gras), pâtés, pizza, pommes de terre instantanées, en purée ou dauphinoises, pouding, sauces, saucisses, sorbets, soupe-crème, sucettes glacées (*popsicles* de tous types), tartinades, trempettes, vinaigrettes et autres.

*** Sources possibles de lait de vache :**
Aliments et repas surgelés/déshydratés, arôme, assaisonnements, caramel (colorant), céréales, craquelins, croustilles ou frites assaisonnées, jus enrichi de calcium, pain, préparation aromatisante naturelle et/ou artificielle, rocou (colorant qui peut parfois contenir du lactose), saveur, saveur de beurre artificielle, tofu.

*** Sources possibles de lait de vache, non alimentaires :**
Aliments pour animaux de compagnie, cosmétiques, médicaments et suppléments, produits de beauté, vaccins et autres.

NOTES :

- LES PERSONNES QUI SONT ALLERGIQUES AU LAIT DE VACHE LE SONT HABITUELLEMENT À TOUS LES PRODUITS LAITIERS, DE MÊME QU'AU LAIT DE CHÈVRE OU DE BREBIS.
- LES INGRÉDIENTS SUIVANTS **NE PROVIENNENT PAS DES PRODUITS LAITIERS,** LES PERSONNES ALLERGIQUES AU LAIT DE VACHE PEUVENT DONC LES CONSOMMER :

  - STÉAROYL-2-LACTYLATE ET STÉAROYLLACTYLLACTATE ;
  - ACIDE LACTIQUE ;
  - LACTATE ;
  - BEURRE DE CACAO ;
  - CRÈME DE TARTRE ;
  - GLUCONO-DELTA-LACTONE ;
  - LACTATE DE CALCIUM ;
  - OLÉORÉSINE.

* Ces aliments ou ingrédients ne contiennent pas nécessairement de protéines du lait de vache, mais il vaut mieux s'en assurer en lisant bien l'étiquette ou en contactant le manufacturier ou le cuisinier. Ces sources possibles sont données pour vous aider à repérer les allergènes, mais elles ne constituent pas une liste exhaustive. Il est important de bien lire les étiquettes et de s'informer pour chaque aliment consommé.

Mots clés pour les NOIX

Synonymes et produits à base de noix :
Amandes, anacardes, beurre de noix, châtaignes, faines, fruit à coque, gianduja, huile d'amande douce, huile de noix, kajo, marrons, marzipan (pâte d'amandes), massepain, noisettes (avelines), noix, noix artificielles, noix blanches d'Amérique, noix d'anacarde, noix d'Angleterre, noix d'hickory, noix de cajou (cachou), noix de Grenoble, noix de macadamia, noix de noyer cendré, noix du Brésil, noix mélangées, noix noires, noix piquées, nougat, pacanes, pécans, pignons (noix de pin), pistaches, pralines.

*** Sources très probables de noix :**
Cafés provenant de moulins à café utilisés pour broyer les cafés aromatisés aux amandes, noisettes ou noix, dragées, muesli, pâte halva, sauce au pesto (noix de Grenoble, pignons), saveur Amaretto.

*** Sources possibles de noix :**
Assaisonnements, biscuits, cafés spécialisés, charcuteries (pistaches), chocolat, crème glacée, croûtes à tarte, fromage à tartiner, gâteaux, mets végétariens, pains, sauces et mets asiatiques.

*** Sources possibles de noix, non alimentaires :**
Crème solaire, huile de bain, shampoing et autres cosmétiques.

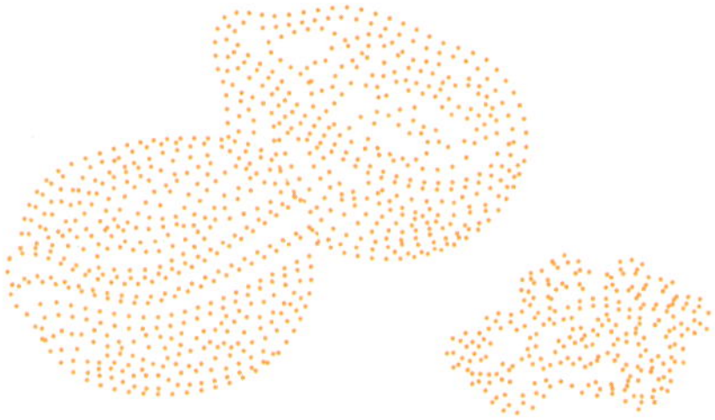

* Ces aliments ou ingrédients ne contiennent pas nécessairement de noix, mais il vaut mieux s'en assurer en lisant bien l'étiquette ou en contactant le manufacturier ou le cuisinier. Ces sources possibles sont données pour vous aider à repérer les allergènes, mais elles ne constituent pas une liste exhaustive. Il est important de bien lire les étiquettes et de s'informer pour chaque aliment consommé.

NOTES :

- ON PEUT ÊTRE ALLERGIQUE AUX NOIX SANS ÊTRE ALLERGIQUE AUX ARACHIDES, ET VICE VERSA.
- ON PEUT AUSSI ÊTRE ALLERGIQUE À UN SEUL TYPE DE NOIX.
- CEPENDANT, LE RISQUE DE CONTAMINATION ENTRE LES DIFFÉRENTES NOIX, AINSI QU'ENTRE LES NOIX ET LES ARACHIDES EST TRÈS IMPORTANT.
- LA NOIX DE COCO ET LA NOIX MUSCADE NE SONT PAS DES NOIX, DONC NON ALLERGÈNES POUR LES INDIVIDUS QUI SONT ALLERGIQUES AUX NOIX.
- PAR AILLEURS, LA NOIX DE KARITÉ EST CONSIDÉRÉE COMME UNE NOIX, MÊME SI ELLE EST MOINS ALLERGÈNE QUE LES AUTRES TYPES DE NOIX. C'EST POURQUOI LES PERSONNES ALLERGIQUES AUX NOIX DOIVENT FAIRE PREUVE DE PRUDENCE AVEC LE KARITÉ.

Mots clés pour les ŒUFS

Synonymes et produits à base d'œuf :
Albumen, albumine (d'œuf), blanc d'œuf, conalbumine, globuline, jaune d'œuf, lait de poule, lécithine (d'œuf), lécithine animale, livétine, lysozyme, mayonnaise, meringue, œuf, œufs liquides, ovalbumine, ovo (les mots commençant par ce préfixe), ovoglobuline, ovomacroglobuline, ovomucine, ovomucoïde, ovotransferrine, ovovitelline, poudre d'albumine, poudre d'œuf, poudre de blanc d'œuf, poudre de jaune d'œuf, protéines ovo-lactohydrolysées, quiches, Simplesse®, succédané d'œufs, par exemple Egg Beaters^MD, vitelline et autres.

*** Sources très probables d'œuf :**
Albumine, costarde, crème anglaise, pâtes alimentaires fraîches, Orange Julep^MD, Ovaltine®, sauces, sauces à salade, silico-albuminate.

*** Sources possibles d'œuf :**
Agents liants et de remplissage (utilisés dans les préparations de viande, de volaille et de poisson), aliments pour bébés, bière d'épinette artisanale, biscuits, boissons alcoolisées, bonbons durs, bouillons et vins clarifiés avec des blancs d'œuf (collage), bretzels (pretzels), charcuteries, cocktails, confiseries, crèmes glacées, fromage (avec lysozyme), glaçage, lécithine, mélanges pour boissons maltées, mousse ou garniture fouettée pour le café, muffins, panure, pâtes alimentaires, pâtisseries, produits de boulangerie, produits imitant les fruits de mer (par exemple, goberge à saveur de crabe), saucisses, saveur, sorbets, soupes, viennoiseries, vinaigrettes et autres.

*** Sources possibles d'œuf, non alimentaires :**
Anesthésiques (par exemple, Diprivan/Propofol), matériaux d'artisanat, médicaments, produits de soins capillaires, vaccins (par exemple, contre la grippe) et autres.

NOTES :
EN CUISINE ET DANS L'INDUSTRIE, ON UTILISE LES ŒUFS DE PLUSIEURS FAÇONS, IL FAUT DONC SCRUTER LES ÉTIQUETTES ET POSER DES QUESTIONS QUAND ON VA AU RESTAURANT. ON EMPLOIE LES ŒUFS, ENTRE AUTRES :

- POUR ÉPAISSIR, RENDRE LES PRÉPARATIONS PLUS ONCTUEUSES OU LIER LES ALIMENTS (BOULETTES DE VIANDE, CRÈME ANGLAISE ET CRÈME PÂTISSIÈRE, CROQUETTES, FARCES, FLANS, PAINS DE VIANDE, PÂTES ALIMENTAIRES, POUDINGS, SAUCES, SOUPES ET AUTRES).
- POUR DORER CERTAINS PLATS : BRIOCHES, CHAPELURE, PAINS DE VIANDE ET TARTES.
- EN ÉMULSION, DANS LES MAYONNAISES, SAUCES EN NEIGE (MERINGUES, MOUSSES ET SOUFFLÉS) ET VINAIGRETTES.

* Ces aliments ou ingrédients ne contiennent pas nécessairement d'œuf, mais il vaut mieux s'en assurer en lisant bien l'étiquette ou en contactant le manufacturier ou le cuisinier. Ces sources possibles sont données pour vous aider à repérer les allergènes, mais elles ne constituent pas une liste exhaustive. Il est important de bien lire les étiquettes et de s'informer pour chaque aliment consommé.

Mots clés pour les PROTÉINES BOVINES

Si vous êtes allergique à toute protéine bovine, incluant le lait, n'oubliez pas de consulter la liste de **mots clés pour le lait**. Ces termes **s'ajouteront** à la liste suivante.

Synonymes et produits contenant des protéines bovines :
Albumine bovine, bison, bœuf, globuline bovine, gras de bœuf (suif), veau.

*** Sources très probables de protéines bovines :**
Gélatine pure et gélatine du commerce aromatisée (par exemple, Jell-O®), gras animal, présure et yogourt.

*** Sources possibles de protéines bovines :**
Arôme, guimauve, préparation aromatisante naturelle et/ou artificielle, saveur.

* Ces aliments ou ingrédients ne contiennent pas nécessairement de protéines bovines, mais il vaut mieux s'en assurer en lisant bien l'étiquette ou en contactant le manufacturier ou le cuisinier. Ces sources possibles sont données pour vous aider à repérer les allergènes, mais elles ne constituent pas une liste exhaustive. Il est important de bien lire les étiquettes et de s'informer pour chaque aliment consommé.

NOTE :

- À L'ÉPICERIE, ATTENTION À LA CONTAMINATION ! QUAND VOUS ACHETEZ VOS VIANDES FROIDES PRÉFÉRÉES OU DE LA VIANDE HACHÉE, DEMANDEZ AU COMMIS SI LA TRANCHEUSE OU LE HACHOIR PEUVENT ÊTRE CONTAMINÉS PAR DES PROTÉINES BOVINES. L'APPAREIL A-T-IL SERVI À TRANCHER DE LA VIANDE CONTENANT DU BŒUF OU DU VEAU ? LA MEILLEURE CHOSE À FAIRE, C'EST DE DEMANDER AU BOUCHER DE PRÉPARER LA VIANDE QUE VOUS ACHETEZ AU DÉBUT DE LA JOURNÉE QUAND LES APPAREILS SONT PROPRES.

Mots clés pour le SOYA

Synonymes et produits à base de soya :
Albumine de soya, edamame, farine de soya, fève de soya, fève germée, germe de soya, glucine max, huile de soya, isolat de protéine de soya, kinako, kouridofu, lait ou boisson de soya, lécithine de soya, lécithine végétale, miso, mono-diglycéride, natto, nimame, okara, protéines de soya, protéines végétales de soya, protéines végétales hydrolysées de soya, protéines végétales texturées (PVT), sauce soya, shoyu, sobee, soya, soya hispida, tamari, tempeh, tofu, yuba.

*** Sources très probables de soya :**
Allongeur de viande, bases de sauces du commerce, chocolat, lécithine (non précisée), margarine, plats végétariens, sauces (hoisin et teriyaki).

*** Sources possibles de soya :**
Agent épaississant, assaisonnements, biscuits, bouillons de légumes du commerce, céréales à déjeuner et céréales pour bébés, colorant (peut contenir de la lécithine de soya), consommé, craquelins, crème glacée, croustilles, émulsifiant (non précisé), fécule végétale, glutamate monosodique, gomme à mâcher, grignotines, huile végétale (non précisée), maïs moulu, mélanges à pâtisserie, mélanges d'assaisonnements ou de fines herbes, mélanges pour boissons (par exemple, chocolat chaud et limonade), pain, pâté aux légumes, poisson en conserve (dans un bouillon), produits de boulangerie, sauces et soupes, saveur, seitan, shortening d'huile végétale, simili bacon, stabilisant (non précisé), tartinades, trempettes, viandes préparées et transformées, et autres.

*** Sources possibles de soya, non alimentaires :**
Aliments pour animaux de compagnie, glycérine, lait de remplacement pour jeunes animaux, produits d'artisanat, produits de beauté, savons, vitamines.

* Ces aliments ou ingrédients ne contiennent pas nécessairement de soya, mais il vaut mieux s'en assurer en lisant bien l'étiquette ou en contactant le manufacturier ou le cuisinier. Ces sources possibles sont données pour vous aider à repérer les allergènes, mais elles ne constituent pas une liste exhaustive. Il est important de bien lire les étiquettes et de s'informer pour chaque aliment consommé.

Remerciements

Nous tenons à remercier Simon et Marie-Noëlle, Gilles et Lucie, pour leur soutien indéfectible, Lise et « Papi » Jean-Claude, Chantal de Montigny, Mme Tremblay, pour ses bons desserts, Natasha, Marjolaine et Alain, Fanny, Lourdes, Isabelle Huot, pour sa générosité, les Éditions de l'Homme, pour nous avoir accueillis dans leur belle famille et pour nous avoir aidés à concevoir un aussi beau livre, ainsi que toute l'équipe des aliments Ange-Gardien.

Et un merci tout particulier à nos deux beaux petits garçons, Charles-Antoine et Élliot, qui font notre bonheur tous les jours.

Bibliographie et sources d'informations utiles

Les aliments Ange-Gardien : Entreprise qui fabrique de délicieux desserts sans arachides, noix, lait ni œufs (www.alimentsangegardien.com ou www.guardianangelfoods.com).

Anaphylaxie Canada (www.anaphylaxis.org).

Association d'information sur l'allergie et l'asthme (AIAA) (www.aiaa.ca).

Association québécoise des allergies alimentaires : 445, boul. Sainte-Foy, bureau 100, Longueuil (Québec) J4J 1X9. Tél./Téléc. : (514) 990-2575 (www.aqaa.qc.ca).

Bettez, M.-J., et É. Théroux. *Déjouer les allergies alimentaires*, Québec Amérique, 2002 (www.dejouerlesallergies.com).

Fondation canadienne MedicAlert (www.medicalert.ca).

Ottawa Anaphylaxis Support Group (www.ottawaasg.com).

Smith, G., et D. Cerny. « Why so many allergies NOW ? » dans *Allergic Living Magazine,* automne 2008.

SI VOUS AUSSI ÊTES AUX PRISES AVEC DES ALLERGIES ALIMENTAIRES, NOUS SOMMES LÀ POUR VOUS AIDER ! NOTRE ÉQUIPE DÉVOUÉE ET EMPATHIQUE SAURA RÉPONDRE À VOS QUESTIONS. ASSOCIATION QUÉBÉCOISE DES ALLERGIES ALIMENTAIRES (AQAA) :

445, BOUL. SAINTE-FOY, BUREAU 100, LONGUEUIL (QUÉBEC) J4J 1X9
TÉLÉPHONE : 514 990-2575 OU 1 800 990-2575
EN LIGNE : WWW.AQAA.QC.CA

ASSOCIATION QUÉBÉCOISE DES ALLERGIES ALIMENTAIRES

Index des recettes

Ailes de poulet épicées, 134
Arachides, Liste des synonymes des allergènes, 182
Asperges vinaigrette, 56
Avocats farcis au gravlax et à la moutarde, 61

Barbecue, 130
- Ailes de poulet épicées, 134
- Brochettes d'agneau au romarin, 143
- Burgers de dindon au basilic et aux tomates séchées, 130
- Filets de porc à la chinoise, 136
- Flétan à l'orientale, 140
- Grilles du barbecue, des précautions à prendre, 130
- Hamburgers fiesta mexicaine, 135
- Papillote de pommes de terre au persil et au paprika, 135
- Papillote de saumon aux poireaux, 136
- Poulet barbecue, 133
- Poulet mariné à la thaïlandaise, 134
- Saumon à l'orientale sur planche de cèdre, 142
- Super papillote de légumes, 139

Barbecue, les grilles, des précautions à prendre, 130
Beurre à l'ail sans produits laitiers, 162
Biscuits aux dattes et aux corn-flakes, 175
Biscuits de Noël au beurre… sans beurre, 170
Biscuits moelleux aux brisures de chocolat, 176
Blé, Liste des synonymes des allergènes, 183
Boîtes à lunch, 144
- Pitas à la salade thon-mayonnaise (sans mayonnaise), 147
- Sandwich à la salade poulet-mayonnaise (sans mayonnaise), 144
- Sandwich baguette au confit de canard, 147
- Sandwichs roulés au poulet et au guacamole, 144

Bouillon de poulet maison, 81
Brochettes d'agneau au romarin, 143
Burgers de dindon au basilic et aux tomates séchées, 130

Cannellonis, sauce rosée (sans fromage), 128
Cari de poulet jaune, 93
Carré d'agneau au romarin, 121
Champignons shiitake sautés, 161
Cocktail fraise, banane et orange, 173
Couscous au poulet et aux légumes, 101
Crêpes, 174
Croquettes de poulet au miel, 97
Croûtons à la trempette de poivrons grillés, 75
Curry d'agneau indien, 119
Curry de bœuf et de petits pois, 117

Délicieuse salade d'épinards aux pommes, 55
Délicieuses tapenades, 72
Desserts, 164
- Biscuits aux dattes et aux corn-flakes, 175
- Biscuits de Noël au beurre… sans beurre, 170
- Biscuits moelleux aux brisures de chocolat, 176
- Cocktail fraise, banane et orange, 173
- Crêpes, 174
- Fondue au chocolat, 180
- Gâteau à la vanille, 166
- Gâteau au chocolat, 180
- Gâteau renversé aux fruits des champs, 166
- Glaçage au chocolat, 180
- Marbré aux poires et au chocolat de Jean-Sébastien, 179
- Muffins aux fraises, 176
- Pâte à tarte, 169
- Pouding au chocolat de Charlot, 173
- Tarte au sirop d'érable, 169

Dhal aux lentilles, 150

Émulsion de pommes de terre, 158
Émulsion de pommes de terre à l'ail, 158
Émulsion de pommes de terre au cari, 158
Émulsion de pommes de terre épicée aux câpres, 158
Entrées, 46
- Asperges vinaigrette, 56
- Avocats farcis au gravlax et à la moutarde, 61
- Croûtons à la trempette de poivrons grillés, 75
- Délicieuse salade d'épinards aux pommes, 55
- Délicieuses tapenades, 72
- Tapenade aux olives noires, 72
- Tapenade aux tomates séchées, 72
- Tapenade épicée aux olives vertes, 72
- Gaspacho aux tomates cerises, 66
- Gravlax (saumon mariné), 58
- Poivrons grillés, 75
- Potage à la courge musquée, 62
- Potage aux asperges et à la ciboulette, 59
- Potage pommes, chou-fleur et cari, 65
- Salade crémeuse d'avocats, 51
- Salade de betteraves colorée, 48
- Salade de fenouil et de mandarines, 51
- Salade de figues et de prosciutto, 55
- Salade de riz sauvage, 48
- Salade thaïlandaise de concombres aux haricots de soya, 52
- Soupe au poulet et à la citronnelle, 68
- Soupe miso, 71
- Soupe poulet et nouilles la plus simple du monde, 67
- Trompe-l'œil de tomates aux bocconcini, 56

Escalopes de dindon façon saltimbocca, 90

Filets de porc à la chinoise, 136
Filets de porc aux herbes de Provence, 118
Flétan à l'orientale, 140
Fondue au chocolat, 180
Frites de papi, 155
Fusillis au prosciutto, au pesto et aux tomates séchées, 127

Gaspacho aux tomates cerises, 66
Gâteau à la vanille, 166
Gâteau au chocolat, 180
Gâteau renversé aux fruits des champs, 166
Glaçage au chocolat, 180
Gravlax (saumon mariné), 58
Guacamole maison, 153

Hamburgers fiesta mexicaine, 135
Huile d'olive épicée à l'ail et au basilic, 163

Lait de vache, Liste des synonymes des allergènes, 184
Légumes et accompagnements, 148
- Beurre à l'ail sans produits laitiers, 162
- Champignons shiitake sautés, 161
- Dhal aux lentilles, 150
- Émulsions de pommes de terre, 158
- Émulsion de pommes de terre à l'ail, 158
- Émulsion de pommes de terre au cari, 158
- Émulsion de pommes de terre épicée aux câpres, 158
- Frites de papi, 155
- Guacamole maison, 153
- Huile d'olive épicée à l'ail et au basilic, 163
- Pesto, 152
- Pesto à la roquette, 152
- Petits légumes sautés à l'asiatique, 161
- Pommes de terre rissolées à l'ail et au persil, 156
- Purée de pommes de terre au basilic, 157

Purée de pommes de terre onctueuse, 157
Riz aux tomates, 160
Riz sauvage aux champignons, 160
Salsa mexicaine, 153
Sauce barbecue, 162
Liste des synonymes des allergènes, 182

Marbré aux poires et au chocolat de Jean-Sébastien, 179
Muffins aux fraises, 176

Noix, Liste des synonymes des allergènes, 185
Nouilles thaïlandaises épicées au poulet, 98

Œufs, Liste des synonymes des allergènes, 186

Pangasius au curry indien, 105
Papillote de pommes de terre au persil et au paprika, 135
Papillote de saumon aux poireaux, 136
Pâte à tarte, 169
Pâtés au poulet et aux légumes, 94
Pâtés au saumon, 104
Pâtes au saumon fumé, 125
Pâtes aux tomates cerises, 126
Pâtes de minuit, 126
Pesto, 152
Pesto à la roquette, 152
Petits légumes sautés à l'asiatique, 161
Pilons de poulet au miel et au basilic thaïlandais, 84
Pitas à la salade thon-mayonnaise (sans mayonnaise), 147

Plats principaux, 76
Pâtes, 122
Cannellonis, sauce rosée (sans fromage), 128
Fusillis au prosciutto, au pesto et aux tomates séchées, 127
Pâtes au saumon fumé, 125
Pâtes aux tomates cerises, 126
Pâtes de minuit, 126
Sauce à spaghetti de Julie, 122
Sauce rosée, 127

Poissons, 102
Pangasius au curry indien, 105
Pâtés au saumon, 104
Saumon aux tomates cerises et au basilic croustillant, 111
Saumon teriyaki, 102
Tilapia à la méditerranéenne, 107
Vivaneau mariné aux fines herbes fraîches, 108
Vol-au-vent au saumon et au poireau, 112
Volaille, 78
Bouillon de poulet maison, 81
Cari de poulet jaune, 93
Couscous au poulet et aux légumes, 101
Croquettes de poulet au miel, 97
Escalopes de dindon façon saltimbocca, 90
Nouilles thaïlandaises épicées au poulet, 98
Pâtés au poulet et aux légumes, 94
Pilons de poulet au miel et au basilic thaïlandais, 84
Poulet au doux parfum du Vietnam, 83
Poulet au lait de coco et au basilic, 93
Poulet au porto, aux canneberges et au romarin, 86
Poulet « dopé » au pesto, 80
Poulet du Général Tao, 89
Poulet rôti aux poivrons et aux olives de Marjolaine, 78
Salade tiède de confit de canard. 97
Vol-au-vent au poulet, 87

Viandes, 114
Carré d'agneau au romarin, 121
Curry d'agneau indien, 119
Curry de bœuf et de petits pois, 117
Filets de porc aux herbes de Provence, 118
Tacos au bœuf, 114
Veau Marengo, 118

Poivrons grillés, 75
Pommes de terre rissolées à l'ail et au persil, 156
Potage à la courge musquée, 62
Potage aux asperges et à la ciboulette, 59
Potage pommes, chou-fleur et cari, 65
Pouding au chocolat de Charlot, 173
Poulet au doux parfum du Vietnam, 83
Poulet au lait de coco et au basilic, 93
Poulet au porto, aux canneberges et au romarin, 86
Poulet barbecue, 133
Poulet « dopé » au pesto, 80
Poulet du Général Tao, 89
Poulet mariné à la thaïlandaise, 134
Poulet rôti aux poivrons et aux olives de Marjolaine, 78
Protéines bovines, Liste des synonymes des allergènes, 187
Purée de pommes de terre au basilic, 157
Purée de pommes de terre onctueuse, 157

Riz aux tomates, 160
Riz sauvage aux champignons, 160

Salade crémeuse d'avocats, 51
Salade de betteraves colorée, 48
Salade de fenouil et de mandarines, 51
Salade de figues et de prosciutto, 55
Salade de riz sauvage, 48
Salade thaïlandaise de concombres aux haricots de soya, 52
Salade tiède de confit de canard, 97
Salsa mexicaine, 153
Sandwich à la salade poulet-mayonnaise (sans mayonnaise), 144
Sandwich baguette au confit de canard, 147
Sandwichs roulés au poulet et au guacamole, 144
Sauce à spaghetti de Julie, 122
Sauce barbecue, 162
Sauce rosée, 127
Saumon à l'orientale sur planche de cèdre, 142
Saumon aux tomates cerises et au basilic croustillant, 111
Saumon teriyaki, 102
Soupe au poulet et à la citronnelle, 68
Soupe miso, 71
Soupe poulet et nouilles la plus simple du monde, 67
Soya, Liste des synonymes des allergènes, 188
Super papillote de légumes, 139
Synonymes des allergènes, liste, 182
Arachides, 182
Blé, 183
Lait de vache, 184
Noix, 185
Œufs, 186
Protéines bovines, 187
Soya, 188

Tacos au bœuf, 114
Tapenade aux olives noires, 72
Tapenade aux tomates séchées, 72
Tapenade épicée aux olives vertes, 72
Tarte au sirop d'érable, 169
Tilapia à la méditerranéenne, 107
Trompe-l'œil de tomates aux bocconcini, 56

Veau Marengo, 118
Vivaneau mariné aux fines herbes fraîches, 108
Vol-au-vent au poulet, 87
Vol-au-vent au saumon et au poireau, 112

Achevé d'imprimer au Canada